Estoril · Cindy – Der Traum vom Tanzen

Jean Estoril

Cindy

Der Traum vom Tanzen

Aus dem Englischen übersetzt
von Tilo Wedemeyer

Loewe

CIP-Titelaufnahme der Deutschen Bibliothek

Estoril, Jean:
Cindy – Der Traum vom Tanzen / Jean Estoril.
1. Aufl. – Bindlach: Loewe, 1990
ISBN 3-7855-2306-8

ISBN 3-7855-2306-8 – 1. Auflage 1990
Originalverlag: Macdonald, Hempstead
Originaltitel: Ballet for Drina / Iwant to be a dancer

Aus dem Englischen übersetzt von Tilo Wedemeyer
Umschlagillustration: Norma Agency Vicente Gonzales
Umschlagtypographie: Claudia Böhmer
Satz: Voro, Rödental
Gesamtherstellung: Ueberreuter, Korneuburg
Printed in Austria

Inhalt

Cindys neue Freundin

Cindy tanzte zum ersten Mal richtig, als sie fünf Jahre alt war.

An ihrem fünften Geburtstag hörte sie nämlich den ersten Satz von Mozarts „Kleiner Nachtmusik" im Radio, und als ihre Großmutter, Mrs. Chester, in das Wohnzimmer kam, sah sie, wie Cindy auf dem glatten Fußboden umherwirbelte, daß ihre schwarzen Haare nur so flogen. Ihr kleines, blasses Gesicht wirkte dabei völlig konzentriert, und sie war so sehr damit beschäftigt, einen eigenen Tanz zur Musik zu erfinden, daß sie ihre Großmutter gar nicht in der Zimmertür bemerkte.

Erst als Mrs. Chester quer durch das Zimmer eilte und das Radio abstellte, kam sie wieder auf die Erde zurück.

„Aber Oma, stell doch das Radio nicht ab", bat sie. „Guck mal, ich war ein Blatt im Wald, das heruntersegelt und dann vom Wind weggeweht wird und ..."

„Ich habe die Kerzen auf deine Geburtstagstorte gesteckt", sagte Mrs. Chester freundlich, aber bestimmt. „Komm und sieh sie dir an!"

Cindy war damals noch sehr klein, aber sie begriff trotzdem, daß sie ihre Großmutter irgendwie verärgert hatte. Nur warum, das wußte sie nicht. Es kam sehr selten vor, daß Mrs. Chester wegen irgend etwas auf Cindy böse war. Eigentlich verwöhnte sie ihre Enkelin ziemlich, denn Cindy hatte keine Eltern mehr. Auch Mr. Chester, Cindys Opa, war genauso, obwohl er sie leider nur selten sah. Er war der Geschäftsführer einer großen Fabrik in der mittelenglischen Stadt, in der sie wohnten, und mußte oft geschäftlich auf Reisen gehen. Aber wenn er abends zu Hause war, bevor Cindy ins Bett ging, und auch an den freien Wochenenden, verbrachte er seine ganze Zeit mit ihr.

Immer noch über das Benehmen ihrer Großmutter verwundert, stand Cindy stocksteif in der Mitte des Wohnzimmers. Ihre Arme sanken langsam herab, und der verträumte Blick war von ihrem Gesicht verschwunden. „Ich habe doch nur getanzt“, sagte sie jetzt ganz durcheinander. Plötzlich nahm Mrs. Chester sie in den Arm – eine ungewöhnliche Geste. Es war ganz und gar nicht ihre Art, Gefühle zu zeigen.

„Ich weiß“, erwiderte sie, „und du hast sehr schön getanzt. Aber es gibt noch eine Menge anderer Dinge außer Tanzen. Geburtstagstorten zum Beispiel. Komm, die Kerzen gehen sonst aus.“

Also ging Cindy sich die Geburtstagstorte ansehen und bewunderte brav die fünf rosa Kerzen. Aber in ihr blieb der unbestimmte Eindruck zurück, daß es ihrer Oma überhaupt nicht gefallen hatte, sie als „heruntersegelndes Blatt“ zu sehen.

Dieses merkwürdige Gefühl sollte sich im Laufe der Jahre noch verstärken. Als Cindy sieben Jahre alt war, fragte sie einmal, ob sie zusammen mit ihren Freundinnen Tanzunterricht nehmen dürfe. Auch das wurde abgelehnt.

„Du hast so viele andere Sachen zu tun“, erklärte Mrs. Chester bestimmt. „Und du bist nicht sehr kräftig, weißt du. Ich möchte zwar nicht, daß du dir darüber Sorgen machst, aber der Arzt will, daß du soviel wie möglich an der frischen Luft bist. Vielleicht kannst du einmal Tanzunterricht nehmen, wenn du älter bist; wir werden sehen. Aber bis dahin finde ich es besser, wenn du Rollschuhlaufen oder Reiten oder ein Dutzend andere Dinge lernst.“

Insgeheim war sich Cindy absolut sicher, daß sie auch dann immer noch tanzen lernen wollte, wenn sie Rollschuhlaufen oder Reiten gelernt hätte, aber sie sagte nichts weiter dazu. Wenn das freundliche, etwas müde Gesicht ihrer Großmutter so aussah wie jetzt, bedrängte sie sie lieber nicht weiter.

Einige Wochen später sah sie eines Abends vor dem Zubettgehen fern. Gerade als sie schläfrig werden und ihre Aufmerksamkeit nachlassen wollte, war sie auf einmal wieder hellwach. Auf dem Bildschirm erschienen elegante, weißgekleidete Figuren – und sie tanzten, wie sie es sich nie vorgestellt hatte. Cindy erschien es jedenfalls vollkommen.

Mrs. Chester, die währenddessen einige Unterlagen an ihrem Schreibtisch am anderen Ende des Zimmers sortiert hatte, kam auf sie zu.

„Es ist Zeit, daß du nach oben gehst, Cindy“, verkündete sie. „Du bist schon zu lange auf, und es ist nicht gut für dich, zuviel fernzusehen.“

„Oma, was sind das da für Tänzer?“ fragte Cindy aufgeregt und konnte kaum still sitzen. „Bitte, laß mich noch aufbleiben! Es ist so schön!“

Ihre Großmutter sagte beiläufig: „Es ist klassisches Ballett: Les Sylphides. Aber ich finde, du bist noch viel zu jung, um dir so etwas anzusehen. Das ist nichts für kleine Mädchen."

Über die Schlafenszeit ließ ihre Großmutter nicht mit sich reden, das wußte Cindy, und so machte sie sich auf den Weg ins Bett.

„Ich komme noch und decke dich zu", rief ihr Mrs. Chester von der Wohnzimmertür hinterher.

Cindy blieb noch etwas oben auf der Treppe stehen, um der Musik zuzuhören, aber nach kurzer Zeit wurde der Fernseher ausgestellt, und sie hörte, wie ihre Großmutter die Schubladen ihres Schreibtisches öffnete. Mit einem Seufzer ging sie schließlich in ihr Zimmer. Dort zog sie sich aus und wusch sich das Gesicht, wobei sie vor sich hin summte und ein paar Tanzschritte mit dem Schwamm in der Hand machte.

„Ballett!" sagte sie zu sich selbst. „Das ist Ballett. Les Sylph... oder so."

Es war das erste Mal, daß sie das Wort „Ballett" überhaupt hörte, und es dauerte eine ganze Zeit, bis sie es wieder hören sollte. Erst als sie nach einigen Jahren die Schule wechselte, rückte auch das Tanzen wieder näher.

Die Elleray-Schule war ein paar hundert Meter von ihrer alten Schule entfernt: ein großes Backsteingebäude in einer hübschen Umgebung mit einer großen Spielwiese davor. Die Mädchen dort trugen eine dunkelgrüne Uniform mit silbernen Abzeichen.

Cindy war froh, endlich auf die Elleray-Schule zu

kommen, denn sie fand die kleine, auf der sie bislang gewesen war, ziemlich langweilig. Sie gehörte dort schon zu den Ältesten und hatte keine besonderen Freunde, obwohl sie beliebt war. Cindy fand es im Grunde ganz toll, endlich auf eine größere Schule zu gehen, zusammen mit Mädchen, die so viel älter waren als sie selbst.

Aber zuerst standen die Sommerferien vor der Tür, in denen sie mit ihren Großeltern in den Westen Schottlands fuhr. Bald nach ihrer Rückkehr mußten sie dann die neue Schuluniform kaufen, und Cindy schien überhaupt eine Menge neuer Sachen zu brauchen – einen dunkelgrünen Mantel für den Winter, einen grünen Rock und eine grüne Jacke, mehrere blaßgelbe Blusen und verschiedene Sorten von Schuhen – einschließlich Tanzschuhen!

Cindy spitzte sofort die Ohren, als sie das Wort „Tanzschuhe“ hörte.

„Was für eine Art Tanz wird das sein?“ fragte sie neugierig.

„Oh, ich glaube englische und schottische Volkstänze, und auch griechische und andere europäische“, erklärte Mrs. Chester mit heruntergebeugtem Kopf. Sie steckte gerade den Saum des neuen grünen Rocks ab, der für die kleine und zierliche Cindy viel zu lang war.

„Oh!“ machte die, während sie auf die adrett frisierten grauen Haare ihrer Großmutter starrte. Sie hatte ewig nicht mehr ans Tanzen gedacht. „Darf ich beim Tanzen auch mitmachen?“ fragte sie vorsichtig weiter.

„Natürlich. Es gehört zum normalen Stundenplan. Alle Mädchen tanzen dort."

„Oh!" sagte Cindy noch einmal, und als ihre Großmutter mit dem Abstecken fertig war, rannte sie die Treppe hinauf und drehte und wendete sich vor dem großen Spiegel auf dem Treppenabsatz. Dann schaute sie ihr Spiegelbild ziemlich geringschätzig an. Sie fand eigentlich nichts an sich, was ihr besonders erschien: die dicken schwarzen Haare, die ihr als Pagenschnitt bis auf die Schultern reichten, die dunklen Augen und die sonnengebräunte Haut waren einfach häßlich. Das Kleid, das sie außerdem anhatte, war zu kurz, und unten schauten ein paar knochige Knie hervor.

„Ich bin nicht mal hübsch!" sagte sie laut, obwohl sie normalerweise nie über ihr Aussehen nachdachte. „Und so mager!"

Zwei Wochen später wachte Cindy mit einem leicht mulmigen Gefühl im Magen auf. Heute sollte sie zum ersten Mal in die neue Schule gehen! Plötzlich fühlte sie sich unsicher und hatte große Lust, sich angesichts der einhundertfünfzig fremden Mädchen und der kritischen Augen der Lehrer unter der Bettdecke zu verkriechen. Doch damit mußte sie fertig werden, und ihr fehlte es ja auch sonst nicht an Mut. Also stand sie auf, zog sich an und machte einen ernsthaften Versuch, ihr Frühstück zu essen.

Es war ein heiterer Septembermorgen, und Cindys Stimmung besserte sich, als sie ihrer Großmutter auf Wiedersehen sagte und dann die baumbestandenen Straßen des Vororts entlangging. Sie zwang sich, einfach nicht mehr an die Schule zu denken, und bewunderte statt dessen den Himmel und die leuchtenden Blumen in den Gärten.

Sie konnte richtig riechen, daß der Herbst in der Luft lag. Die Fabrikschornsteine waren durch den blaßblauen Dunst nur verschwommen in der Ferne wahrnehmbar.

Cindy marschierte mit großen Schritten weiter und schwang fröhlich ihre Schultasche. Aber als sie nach etwa zehn Minuten das Schulgebäude vor sich sah, verlangsamte sie ihre Schritte etwas. Mädchen in grünen Schuluniformen rauschten auf ihren Fahrrädern vorbei, einige stiegen vor ihr lachend aus dem Bus, und andere kamen in Grüppchen eine Seitenstraße herauf.

Cindy wurde plötzlich ganz schüchtern und hätte in diesem Moment fast alles für die vertraute Umgebung ihrer alten Schule gegeben. Sie wünschte sich sogar, daß sie das Angebot ihrer Großmutter angenommen hätte, sie heute zu begleiten.

Dabei war sie vor zwei Tagen schon einmal mit ihrer Oma bei der Direktorin gewesen und hatte sich die Schule angesehen. Ihr blieb also jetzt nichts anderes übrig, als ihren Weg zum Schuleingang fortzusetzen. Die Umkleideräume lagen gleich bei der Eingangstür, und wenn sie sich umgezogen hatte, mußte sie nur noch der Menge folgen.

„Na los, stell dich nicht so an“, sprach sie sich selbst Mut zu. „Du bist fast zehn. Das ist viel zu alt, um wie ein Baby zur Schule gebracht zu werden!“

Aber ihre Schritte wurden immer langsamer. Als

sie das Schultor passierte, blieb sie endgültig verzagt stehen und schaute sich das Gebäude an. Plötzlich wurde sie so von jemandem angerempelt, daß sie fast umgefallen wäre.

„Oh, Verzeihung!" rief eine atemlose Stimme. Cindy schaute in ein rosiges, freundliches Gesicht. „Wollte dich nicht umrennen! Aber am ersten Schultag möchte ich immer früh da sein, und einer von meinen blöden Brüdern hatte meine Schultasche versteckt. Die machen immer solche Sachen. Hey, bist du neu hier?"

„Ja", antwortete Cindy und fühlte sich irgendwie gleich besser. Sie hatte das etwas pummelige Mädchen mit den blonden Haaren und den blauen Augen sofort gern.

„Also, ich bin zehn und schon seit zwei Schuljahren hier. Ich heiße Jenny Pilgrim. Komm mit und erzähl mir, wie du heißt. Oder willst du hier stehenbleiben?"

„Nein. Ich hatte nur etwas Angst", gab Cindy zu. „Ich heiße Lucinda Adams. Eigentlich Adamo, aber meine Oma möchte, daß ich Adams heiße. Sie findet das besser."

„Lucinda Adamo! Wie merkwürdig!" sagte Jenny und schien Gefallen an dem Namen zu finden. „Das klingt viel romantischer als einfach nur Jenny Pilgrim!"

„Aber ich werde fast immer Cindy genannt", erklärte Cindy. „Außer wenn jemand böse auf mich ist, und das passiert selten."

„In so einem Fall bin ich dann Jennifer, und man

ist oft böse auf mich“, stellte Jenny fest. „Ich bin faul und mache manchmal die dümmsten Sachen. Ich bin nicht ganz so, wie meine Mutter es gern hätte, fürchte ich.“

„Meine Güte! Wieso denn?“

Cindy war so gefesselt von ihrer neuen Freundin, daß sie gar nicht bemerkte, wie sie auf die Seitentür zugingen.

„Na ja, ich bin das einzige Mädchen in unserer Familie, und sie will immer, daß ich Dinge tue, die ich überhaupt nicht mag. Warum heißt du eigentlich Adamo? Ist das ein ausländischer Name?“

„Ja. Mein Vater war Italiener. Er ist aber schon tot“, erklärte Cindy.

„Tot? Oh, das tut mir leid. Und deine Mutti?“ fragte Jenny erschreckt.

„Sie ist auch vor langer Zeit gestorben. Ich kann mich an meine Eltern gar nicht mehr erinnern“, erzählte Cindy. „Mein Vater starb, als ich erst ein paar Monate alt war, und meine Mutter noch vor meinem zweiten Geburtstag, glaube ich. Aber ich hab’ ja meine Oma und meinen Opa.“

„Is’ ja irre, einen italienischen Vater zu haben!“ meinte Jenny beeindruckt. „Hat deine Mutter ihn in Italien kennengelernt?“

„Ich glaube nicht. Er war Geschäftsmann in Mailand. Aber er kam oft nach London. Oma und Opa – und ich glaube, auch meine Mutter – lebten damals in London. Meine Großeltern zogen erst hierher, als sie mich zu sich nahmen. Opa wurde von seiner Firma versetzt, denke ich, aber darüber wird kaum gesprochen", erklärte Cindy hastig. Die beiden gingen gerade durch die Tür, und die Umkleideräume dahinter waren voller Mädchen, die so laut schwatzten, daß sie einander kaum verstanden.

Jenny bahnte sich unbekümmert einen Weg durch die Menge.

„Hallo, alle zusammen!" rief sie. „Sag bloß, du hast mir meinen Kleiderhaken weggenommen, Polly! Na ja, macht nichts, dann nehme ich eben diesen hier, und Cindy bekommt den daneben. Sie ist neu. Hey!" rief sie in dem Lärm Cindy zu, während sie die Schuhe wechselte. „In welcher Klasse bist du eigentlich?"

„1A hat Miß Morrison gesagt."

„Gut! Ich auch. Im Moment jedenfalls, aber vielleicht komme ich in die zweite vor dem Ende des Halbjahres. Ich hätte schon dies' Schuljahr in die zweite Klasse kommen sollen, aber mein Zeugnis war fürchterlich. Egal, es ist schön, daß wir zusammen sind. Meine Freundinnen sind nämlich alle versetzt worden." Sie neigte ihren Kopf zur Seite und lächelte Cindy fröhlich zu: „Wir könnten doch Freundinnen werden, was meinst du? Oder ist es dafür noch zu früh?"

„Ich weiß nicht. Ich glaube, es wäre prima", erwiderte die noch etwas schüchtern. Das Leben an der neuen Schule war viel einfacher mit einer neuen Freundin.

„Ja, es wäre toll!" plapperte Jenny weiter. „Und wir haben 'ne Menge Zeit, uns kennenzulernen. Wir müssen nur rausfinden, was wir mögen und was nicht. Ich warne dich lieber gleich schon mal, daß ich die meiste Freizeit mit Tanzen verbringe."

„Tanzen?" fragte Cindy aufgeregt. „Wie meinst du das? Meine Oma hat mir gesagt, daß ich hier tanzen lernen würde, aber ..."

Jenny raufte sich die Haare.

„O nein, nicht so was", stöhnte sie. „Ich habe nichts dagegen, ‚Dashing White Sergeant' oder Polkas aus Skandinavien und so zu tanzen. Das kann ich ja ganz gut. Nein, ich meine doch richtiges Tanzen."

„Etwa Ballett?" fragte Cindy zögernd. Doch gerade jetzt schrillte die Klingel und ließ sie beide aufspringen.

„Ja, Ballett", erwiderte Jenny, schon auf dem Weg zur Tür. „Das ist stinklangweilig, aber meine Mutter will unbedingt, daß ich es mache. Aber wie kann ich gut werden, wenn ich so mollig bin? Ich habe einfach nicht die Figur dazu. Paß auf! Wir müssen jetzt gehen, oder wir kommen zu spät in die Aula, und alle glotzen uns blöde an."

„Aber ich möchte wirklich wissen ..." Cindy wußte selber nicht, warum das auf einmal so wichtig war.

„Werde ich dir später erzählen", unterbrach ihre neue Freundin sie. „Wir können uns in der Pause noch unterhalten. Pssst! Auf dem Flur dürfen wir übrigens nicht sprechen. Du wirst schon sehen, dieses Haus ist voll von Verboten." Und Jenny führte sie im Laufschritt zur Schulaula.

Ballett und Bauernhof

Als es dann endlich zur Pause klingelte, hielt Jenny Pilgrim ihr Wort. Sie griff sich zwei Flaschen Milch und zwei Strohhalme und ging mit Cindy in eine Ekke des Aufenthaltsraumes.

„Wir müssen unsere Milch ziemlich schnell trinken und dann rausgehen, wenn das Wetter gut ist. Ich zeig' dir gleich die Spielwiese, aber wir können uns zuerst noch ein bißchen unterhalten. Du fängst an! Wo warst du in den Ferien?"

„In Applecross an der Küste von Wester Ross", berichtete Cindy bereitwillig. „Es hat mir gefallen dort: das Meer, die Felsen und Inseln, und auch die Leute; wenn sie reden, hören sie sich an, als würden sie singen. Opa hat geangelt, und Oma und ich sind gewandert oder schwimmen gegangen und mit kleinen Booten rausgefahren. Sie ist nämlich noch gar nicht so alt, auch wenn ihre Haare schon grau sind." Cindy nahm einen großen Schluck Milch.

„Ich werde sie ja noch kennenlernen, wenn wir Freundinnen werden, oder?" meinte Jenny. „Du mußt auch mal mit zu uns nach Hause kommen. Warst du die ganze Zeit mit deinen Großeltern zusammen? Oder waren da noch andere Kinder?"

„Die meiste Zeit nicht", erzählte Cindy. „Ich bin nur ein paarmal mit einem Mädchen baden gegangen. Trotzdem waren die Ferien schön. Ich bin eigentlich gern auf dem Land."

Jennys rosiges Gesicht wurde noch röter.

„Ich auch“, sagte sie begeistert. „Ich wünschte, ich könnte immer dort leben. Die Schwester meiner Mutter ist mit einem Bauern verheiratet, und sie wohnen in der Gegend von Stratford-on-Avon. Der Bauernhof ist echt stark: ein richtiges Fachwerkhaus mit roten Ziegelsteinen. Ich war einen Monat lang da, und manchmal habe ich den Hühner- und den Schweinestall ausgemistet. Einige Male habe ich auch die Kühe gemolken. Ich wünschte“, seufzte sie, „ich könnte Bäuerin werden, wenn ich groß bin.“

„Vielleicht kannst du wirklich eine werden“, meinte Cindy. „Es dauert ja noch lange, bis du erwachsen bist.“

„Ich werde Bäuerin, wenn sich das nur irgendwie machen läßt“, erklärte Jenny fest. „Und ich bin sicher, Madame denkt, es ist das einzige, was ich überhaupt werden kann. Sie weiß, daß ich nie eine Tänzerin werde, nicht einmal in der letzten Reihe einer Revuetruppe, ganz zu schweigen vom corps de ballet in einem richtigen Ballettensemble.“

„Erzähl mir vom Ballett“, bat Cindy ernsthaft und vergaß ganz die Zurückhaltung, die sie normalerweise an den Tag legte, wenn sie jemand Neues kennenlernte.

„Na gut, aber wenn du deine Milch ausgetrunken hast, sollten wir besser rausgehen und frische Luft schnappen. Man ist hier unheimlich versessen auf frische Luft; deshalb waren eben auch alle Fenster im Klassenraum offen. Mir jedenfalls gefällt's, auch wenn einige von den Blödis hier maulen.“

Als sie den Flur in Richtung Seitentür entlanggingen, fügte Jenny hinzu: „Ich weiß wirklich nicht, warum du unbedingt etwas vom Ballett wissen willst. Möchtest du nicht lieber was von dem Bauernhof hören? Ich mußte wieder abfahren, weil meine Mutter behauptete, ich würde nur üben, wenn ich zu Hause wäre. Jetzt gehe ich wieder dreimal die Woche in die Ballettschule."

„Ich würde lieber gleich was übers Tanzen hören, wenn du nichts dagegen hast", drängte Cindy ungeduldig.

Jenny betrachtete sie mit einem aufmerksamen Blick. Sie mochte faul sein, aber sie war bestimmt nicht dumm. „Erzähl mir bloß nicht, daß du auch so ein Ballettfan bist", rief sie jetzt.

Cindy schüttelte den Kopf.

„Nein. Ich bin kein Fan. Ich weiß überhaupt nichts vom Ballett, aber ich möchte gerne etwas wissen." Sie rutschte unruhig auf dem Stuhl hin und her.

„Ich meine ja nur, weil du wie eine Tänzerin aussiehst", sagte Jenny. „Zehnmal mehr als ich oder die Hälfte der Idioten an der Selswick-Schule, die an nichts anderes mehr denken, als eines Tages eine Ballerina zu werden. Die hoffen's jedenfalls", sagte sie spöttisch. „Die machen sich gar nichts aus dem, was Madame sagt, auch wenn sie schrecklich verletzend werden kann. Manchmal möchte ich das alles aufgeben. Es ist ja auch nicht nur meine Schuld, daß ich ein hoffnungsloser Fall bin. Aber dann mache ich doch wieder weiter. Madame erzählt immer, daß nur eine von Tausenden die Chance hat, eine Ballerina zu werden, und nur eine von einer Million wird eine Primaballerina assoluta."

Die unbekannten Ausdrücke sagten Cindy so gut wie gar nichts, aber sie hatte ein Kribbeln im Bauch verspürt, bei den achtlos dahingesprochenen Worten „du siehst wie eine Tänzerin aus".

„Aber warum mußt du zum Ballettunterricht, wenn du gar nicht willst und du auch nicht sehr gut bist?" fragte sie verwundert.

„Oh, weil meine Mutter es unbedingt will. Normalerweise ist meine Mutter ja ganz in Ordnung, aber als ich noch ganz klein war, hat sie wohl irgendwann beschlossen, daß ich unbedingt tanzen müßte. Als sie selbst jung war, wollte sie nämlich schrecklich gern tanzen, hatte aber nie die Möglichkeit dazu. Und deshalb hat sie sich geschworen, daß ihre einzige Tochter es wenigstens schaffen sollte. Ich habe noch fünf Brüder, und ich wünschte, ich wär' auch ein Junge. Männer tanzen zwar auch, aber darauf legt sie nicht solchen Wert", sagte Jenny betrübt. „Sie hofft immer noch, daß ich besser werde, denn ich bin ja schließlich noch sehr jung. Ich versuche es auch, aber es ist wirklich hoffnungslos. Ich glaube, daß ich nie über den Anfängerkursus hinauskomme. Ich bringe Madame zwar fast zur Verzweiflung, aber sonst mag sie mich wohl ganz gern. Nur in mimischer Darstellung bin ich gar nicht so schlecht; das mach' ich auch gern. Aber ich muß trotzdem noch zwei Ballettkurse pro Woche über mich ergehen lassen."

„Aber wo lernst du denn tanzen? Wer ist Madame?" Es ging Cindy viel zu schnell. Sie war sowieso schon ganz durcheinander nach dem halben Morgen in einer fremden Schule.

„Ich gehe in die Janetta-Selswick-Tanzschule unten in der Stadt“, erklärte Jenny. „Meine Mutter sagt, das ist eine erstklassige Schule, nicht wie die meisten anderen Tanzschulen in der Provinz. Miß Selswick nennen wir Madame, aber sie kommt nicht aus dem Ausland wie die meisten Lehrer in all den idiotischen Ballettgeschichten. Sie sagt auch nie: ‚Ah, die Kleine wiert einä gahnss pärrfäkte Tänzärien‘ oder ‚Mit ihrr kann isch wass ahnfanggen, wänn sie immärr fleißisch ühpt‘.“

Jennys schauspielerische Einlage, ihre plötzliche Verwandlung in eine eingebildete affektierte Ausländerin, bewies, daß sie wirklich gut war in mimischer Darstellung, und Cindy brach in ein fröhliches Kichern aus.

„Ich hab' noch nie eine Ballettgeschichte gelesen. Sind die Leute darin wirklich so?“ gluckerte sie.

„Noch nie 'ne Ballettgeschichte gelesen?“ wunderte sich Jenny. „Ich hab' Dutzende davon. Meine Mutter schenkt mir immer welche zum Geburtstag und zu Weihnachten. Die Ballettbücher sind alle gleich, sie handeln immer von Mädchen, die Ballerina werden wollen und es auch ohne Anstrengung schaffen. Madame sagt, es müßte mal einer ein Buch über eine Heldin schreiben, die es unheimlich schwer hat und schließlich scheitert. Aber paß mal auf! Wenn du so scharf darauf bist, warum lernst du dann nicht tanzen? Wenn du möchtest, gebe ich dir einen Prospekt der Tanzschule für deine Oma mit. Madame war früher eine richtige Ballerina im Königlichen Ballettensemble. Als meine Mutter jung war, ist sie immer in den Covent Garden gegangen, um sie dort tanzen zu sehen. Mutti lebte damals in London und hat fast ihr ganzes Geld für Theaterkarten ausgegeben. Sie hat nie eine neue Aufführung verpaßt. Komm doch nach der Schule noch ein bißchen mit zu mir, dann kann ich dir den Prospekt geben."

Eine völlig neue Welt tat sich vor Cindy auf, auch wenn sie nicht die blasseste Ahnung davon hatte, was das „Königliche Ballettensemble" und der „Covent Garden" waren. Sie wurde knallrot, und ihr Herz schlug schneller vor Aufregung.

„Ich weiß nicht – ich wollte schon immer tanzen lernen. Schon als ich klein war", stotterte sie. „Aber ich glaube nicht, daß Oma es erlauben wird."

„So was!" Jenny machte große Augen. „Ich wünschte, meine Mutter würde es mir nicht erlauben! Aber warum will denn deine Oma nicht? Hält sie es irgendwie für schlecht? In der zweiten Klasse ist auch ein Mädchen, deren Eltern sind furchtbar religiös. Sie halten Tanzen für etwas Schlechtes. Nicht die Volkstänze, aber alle Gesellschaftstänze und eben Ballett. Sie ist ganz traurig darüber." Jenny rümpfte die Nase.

Zum ersten Mal versuchte Cindy, die Haltung ihrer Großmutter zu erklären. Doch es gelang ihr nicht so richtig.

„Ich weiß nicht", druckste sie herum. „Sie hat nie gesagt, daß es schlecht sei. Wie sollte sie auch? Schöne Dinge können doch nichts Schlechtes sein, oder?

Sie scheint es einfach nicht zu mögen. Als ich klein war, ertappte sie mich mal beim Tanzen. Ich kann mich noch ganz gut daran erinnern. Im Radio lief gerade schöne Musik, und ich hatte mir einen Tanz ausgedacht. Sie sah mich ganz komisch an und stellte gleich das Radio aus. Und so ist es jedesmal, wenn ich anfange zu tanzen. Ich habe sie auch mal gefragt, ob ich zum Tanzunterricht gehen könnte. Aber sie sagte, daß ich nicht kräftig genug wäre."

Jenny betrachtete sie eingehend. „Du bist zwar dünn, aber du siehst wirklich gesund aus", lautete ihr Urteil.

„Ich bin sicher, daß ich es auch bin", bekräftigte Cindy. „Ich war schließlich nie krank." In dem Moment war die Pause zu Ende.

„Oh, verdammt! Es klingelt", rief Jenny. „Wir müssen fliegen. In der Mittagspause werden wir keine Zeit haben, aber nach der Schule kommst du mit mir nach Hause, und ich leihe dir ein paar von diesen albernen Ballettgeschichten aus und suche dir den Prospekt raus. Dann kannst du jedenfalls deine Großmutter fragen."

„Vielen Dank!" Cindy holte tief Luft und rannte dann hinter Jenny her in die Schule.

Ihr Kopf war so voller Gedanken ans Tanzen, daß sie in der folgenden Erdkundestunde überhaupt nicht aufpaßte. Aber ihre Klassenlehrerin, Miß Rigby, wußte ja, daß sie neu war, und ließ sie deshalb in Ruhe.

Auf dem Heimweg begleitete Jenny sie ein Stück, und sie bogen in eine Seitenstraße ein. „Manchmal fahre ich Rad. Hast du auch ein Fahrrad?“ fragte Jenny und nahm die Schultasche in die andere Hand.

„Ja, aber Oma sagt, es wäre besser für mich, zu Fuß zu gehen. Wir fahren oft raus aufs Land“, erwiderte Cindy.

„Dann können wir doch zusammen radfahren“, schlug ihre Freundin vor. „Meine Mutter hat nichts dagegen, denn sie weiß, daß ich vorsichtig bin. Erzähl deiner Oma, daß du nach der Schule mit zu mir gehst, dann macht sie sich keine Sorgen.“ Und mit einem fröhlichen Winken rannte Jenny über die Straße und bog links in eine Seitengasse ein.

Cindy berichtete zu Hause also, daß sie nach dem Nachmittagsunterricht noch Jenny besuchen würde, erwähnte aber die Ballettgeschichten und den Prospekt von der Selswick-Schule lieber noch nicht. Sie sah aber so froh aus, daß sich Mrs. Chester sicher war, die neue Schule würde ein Erfolg werden. Außerdem freute es sie, von der Freundschaft zu Jenny Pilgrim zu hören.

Mr. Chester, der zum Mittagessen nach Hause gekommen war, wiederholte den Namen interessiert.

„Pilgrim? Das ist kein sehr häufiger Name. Frag sie mal, ob ihr Vater einer der Direktoren von Pilgrim, Watkins und Moore ist“, meinte er. „Wir haben manchmal geschäftlich mit ihnen zu tun, und Pilgrim ist ein sehr netter Kerl. Ich habe seine Familie leider nie kennengelernt. Du mußt deine neue Freundin mal hierher einladen.“

Nach der Mittagspause marschierte Cindy wieder fröhlich zur Schule. Der Nachmittag machte ihr großen Spaß, besonders weil Tanzunterricht stattfand. Für die Klasse 1A standen dieses Jahr hauptsächlich schottische Volkstänze auf dem Stundenplan.

Gespannt stellte sich Cindy zusammen mit den anderen Mädchen in einer Reihe auf, um die Aufstellung und die Schritte des Strathpey- und des Reel-Tanzes zu üben. Sie besaß von Natur aus eine gute Körperhaltung und ein feines musikalisches Gehör. Schon nach etwa zehn Minuten sprach die Lehrerin, Miß MacDonnel, sie an.

„Hast du vorher schon einmal schottischen Volkstanz gelernt?"

Cindy schüttelte den Kopf. „Nein, ich habe nie Unterricht gehabt", sagte sie ein bißchen außer Atem.

„Du scheinst schnell zu lernen", lobte sie die Lehrerin. „Die Aufstellung war wirklich gut. Los, Mädchen!" forderte sie die anderen auf. „Sucht euch einen Partner, wir beginnen mit ‚Petronella'. Einige von euch haben es schon letztes Schuljahr gemacht, erinnert ihr euch?"

„Komm, du bist mein Partner!" rief Jenny und nahm Cindys Hand.

Die genoß jeden Augenblick des Unterrichts und war ziemlich erstaunt über das Durcheinander, in das einige ihrer Mitschülerinnen beim Tanzen gerieten. Miß MacDonnels Anweisungen erschienen ihr so klar und einfach nachzumachen, und außerdem war Jenny ein guter Tanzpartner.

„Das hat Spaß gemacht!" japste Jenny, als sie auseinandergingen. „Obwohl es eigentlich nur so ein

Umhertoben ist. Aber das mache ich sowieso am liebsten. Es ist ein tolles Gefühl, hier eine der Besten zu sein, statt ein armer Idiot, der an der Stange hart arbeiten muß." Sie setzten sich auf eine Bank an der Wand der Turnhalle.

„Mir hat es auch gefallen!" erwiderte Cindy. „Es hat mehr Spaß gemacht als alles, was ich bisher gemacht habe. Aber – Ballett ist doch ganz anders, oder?" Sie strich sich das Haar aus dem Gesicht.

„Na klar. Bald wirst du auch wissen, ob du zur Selswick-Schule gehen kannst. Jetzt kommt nur noch ein französischer Tanz, und dann können wir nach Hause gehen."

Um vier Uhr begleitete Cindy Jenny etwas schüchtern auf dem Heimweg. Nach einer Viertelstunde kamen sie an ein großes Backsteinhaus in der Elmwoodstraße.

„Haben deine Großeltern viel Geld?" fragte Jenny.

Cindy überlegte einen Moment. Darüber hatte sie noch nie nachgedacht.

„Ich weiß nicht", sagte sie dann zögernd. „Unser Haus ist kleiner als dieses, aber meine Oma hat nie gesagt, daß wir kein Geld haben. Und vor einiger Zeit hat sie mal gesagt, daß ich in ein Internat kommen soll, wenn ich vierzehn bin. Und das ist doch schließlich nicht billig, oder?" Sie sah ihre Freundin von der Seite an, während die auf die Türklingel drückte.

„Ich glaube schon, daß das teuer ist. Wir sind nicht schlecht dran, aber wir sind zu viert und brauchen alle eine Ausbildung, und Philip möchte Arzt werden. Das dauert ewig, bis er Geld verdient, weißt du." Jetzt ging die Tür auf, und sie traten ein. Da erinnerte sich Cindy daran, zu fragen, ob Jennys Vater tatsächlich der Mann war, den ihr Großvater kannte.

Jenny nickte.

„Er ist Pilgrim, Watkins und Moore! Stell dir vor, dein Großvater kennt ihn", quietschte sie. „Das macht doch alles viel einfacher. Meine Mutter sagt übrigens immer, man sollte nicht über Geld reden, aber ich verstehe eigentlich nicht, warum. Oder verstehst du das? Es ist doch sehr interessant. Im Augenblick habe ich zwar nur mein Taschengeld, und ich werde auch nicht viel verdienen, wenn ich alt genug bin, um Bäuerin zu werden, glaube ich. Mit Tanzen kann man da bestimmt mehr Geld machen."

Sie führte Cindy in ein großes gemütliches Wohnzimmer. Eine blonde Frau fing gerade an, den Teetisch zu decken. Sie begrüßte Cindy freundlich und hörte mit Interesse, daß sich ihr Mann und Cindys Großvater kannten.

„Cindy möchte tanzen lernen, also habe ich ihr gesagt, ich würde ihr den Prospekt von der Selswick-Schule leihen", warf Jenny schnell ein.

Mrs. Pilgrim kramte zwischen einigen Papieren, die auf einem Nebentisch lagen.

„Ich hatte doch immer einen bereitliegen für den Fall, daß jemand Interesse hat", murmelte sie. „Ach, hier ist er. Wenn Cindy gerne tanzen möchte, dann spornt sie dich vielleicht dazu an, ein bißchen mehr zu üben, was? Ich glaube aber eher, Jenny hat dir schon erzählt, daß sie aufs Land ziehen möchte, wenn sie älter ist?“ fragte sie Cindy bekümmert.

Cindy wurde ein bißchen rot, denn die Frage war ihr unangenehm. Aber Jenny sagte fröhlich: „Natürlich hab’ ich’s ihr erzählt. Ich übe doch immer, Mutti. Madame hat das auch gemerkt. Aber ich habe eben nicht die Spur von Talent fürs Ballett. Hast du mich schon mal fouettés und pirouettes drehen sehen?“ Sie grinste.

„Ich hoffe, daß ich es eines Tages sehen werde“, antwortete Mrs. Pilgrim. „Du gibst dir ja selbst keine Chance. Na, du bist ja noch sehr jung. Und wenn du nicht soviel Kuchen und so viele Süßigkeiten essen würdest, wärst du auch nicht so mollig. Aber als ich mit Madame gesprochen habe, sagte sie, daß du wohl Zucker brauchst, und auf nichts verzichten sollst.“

„Ich mag eben Kuchen und Süßigkeiten“, sagte Jenny und grinste wieder. „Hier! Nimm den Prospekt, Cindy, und dann zeig’ ich dir mein Zimmer!“

„Möchtest du mit uns zusammen Tee trinken?“ fragte Mrs. Pilgrim freundlich, als sie zur Tür gingen.

Cindy zögerte. Würde ihre Großmutter etwas dagegen haben?

„Vielen Dank, aber heute besser nicht“, erwiderte sie dann. „Meine Oma erwartet mich zu Hause.“

„Na gut. Dann beim nächsten Mal“, entschied Jennys Mutter. „Ich werde Jenny einen Brief für deine Großmutter mitgeben.“

Jennys Zimmer lag über der Haustür. Es war klein und voll mit alten, sehr schönen Möbeln. An den Wänden hingen eine Menge Bilder und Photos. Über dem Bücherregal war ein Landschaftsbild angebracht, das ein Kornfeld im Schein der Abendsonne darstellte. Jenny zeigte mit dem Finger darauf und fragte: „Magst du auch Mohnblumen so gerne? Ich habe mir das Bild von meinem Geburtstagsgeld gekauft."

Aber Cindy war schnurstracks zu einem großen Photo gegangen, auf dem Jenny zu sehen war. Sie stand auf einem Fuß und hielt die Arme ausgestreckt. Als Kostüm trug sie einen kurzen, federartigen Rock und ein kleines Hütchen.

„Ach, das!" sagte Jenny und wandte sich davon ab. „Ich war ein Vogel bei unserem Sommerfest an der Selswick-Schule, weißt du. Ein echt plumper Vogel, der kaum einen Schritt getanzt hat."

„Also ich finde, du siehst hübsch aus", erwiderte Cindy ernst und studierte das Bild eingehend.

„Ja, ich kann mir dich auch gut in Strumpfhose und Tutu vorstellen. Möchtest du meine Sachen mal anziehen und sehen, wie du darin ausschaust?" fragte Jenny und war schon an ihrem Schrank.

„Ich weiß nicht, was ein Tutu ist, aber ich würde es gerne irgendwann anprobieren. Aber nicht jetzt", meinte Cindy vorsichtig. Ihre Oma konnte es nicht leiden, wenn sie zu spät zu den Mahlzeiten kam. Und während der Schulzeit gab es bei ihr immer um fünf Tee. Jenny sprang vom Bett auf.

„Dann such dir ein Ballettbuch aus", forderte sie Cindy auf. „Schau dir die Bücherreihen an! Dies hier ist der erste Band einer Serie – die ist nicht schlecht, muß ich zugeben. Damit würde ich an deiner Stelle anfangen."

Cindy nahm das Buch in die Hand. Auf dem Umschlag war ein Mädchen in einem weißen Balletttrikot abgebildet. Sie steckte das Buch und den Prospekt in ihre Schultasche, verabschiedete sich dann widerwillig und eilte nach Hause.

Auf ihrem Heimweg dachte sie darüber nach, was für ein langer Tag das gewesen war und wie viele neue Dinge sie kennengelernt hatte. Sie war sich jedoch nicht sicher, ob sie den Mut aufbringen würde, ihrer Großmutter von der Schule zu erzählen. Sicherlich würde sie keine Ballettstunden nehmen dürfen. Ganz bestimmt nicht, wenn sie die Dinge jetzt überstürzte. Es war wohl besser abzuwarten.

Als sie nach Hause kam, lief sie mit ihrer Schultasche sofort die Treppe hinauf in ihr Zimmer, und das Ballettbuch und der Prospekt verschwanden in einer Schublade unter der sauberen Unterwäsche und den Nachthemden.

„Warum kann ich bloß mit ihr nicht darüber sprechen?" fragte sie sich. Sie stand einen Moment lang am Fenster und schaute auf den Garten unter ihr.

„Vielleicht ist es gemein und unaufrichtig", dachte sie, „aber jetzt erzähl' ich ihr davon noch nichts. Aber irgendwie muß ich es einfach schaffen, tanzen zu lernen!"

Ein Nachmittag bei Madame

Cindys Bücher waren bisher alle sorgfältig von ihrer Großmutter für sie ausgewählt worden. Die Ballettgeschichte, die sie an jenem Abend zu lesen begann, war eine neue Erfahrung und so faszinierend, daß sie das Buch gar nicht weglegen wollte, als sie die Schritte ihrer Großmutter auf der Treppe hörte. Irgendwie fühlte sie sich sofort in der Welt der Ballettschule und des Theaters zu Hause. Das war seltsam, denn sie war nur ein paarmal im Theater gewesen.

Zu Weihnachten nahmen ihre Großeltern sie für gewöhnlich zu einer Pantomimevorstellung ins Grandtheater von Willerbury mit. Und zwischendurch hatte sie manchmal ein Musical gesehen. Nur einmal war sie in einem Londoner Theater gewesen: in einer Oper von Gilbert und Sullivan namens „Der Soldat der Königlichen Wache". Aber die hatte sie ziemlich langweilig gefunden.

Doch irgendwie fühlte sie sich mit den Jungen und Mädchen, die schon mit zwölf im Theater arbeiteten, verwandt, und sie litt wirklich darunter, das Buch weglegen zu müssen, als es der Heldin Perdita nicht gelang, einen Job zu bekommen, und sie allein an der Stange im Übungsraum der Ballettschule arbeiten mußte.

Sie kam sich fast wie ein Verbrecher vor, als ihre Großmutter ihr einen Gutenachtkuß gab. Es war nur dieses Schuldgefühl, das sie davon abhielt, das Licht wieder anzumachen und weiterzulesen.

Schließlich schlief Cindy ein und träumte, daß sie, mit einem komischen Hut bekleidet, in einem Winterwald tanzte. Die große Kälte ließ sie aufwachen, und sie sah, daß das Bettzeug auf dem Fußboden lag und das Morgenlicht durch die halb zugezogenen Gardinen blinzelte.

Sie hatte nicht die Möglichkeit, noch vor der Schule mit Jenny zu sprechen, aber gleich in der Pause stürzte ihre neue Freundin auf sie zu. Während sie ihre Pausenmilch tranken, fragte Jenny gespannt: „Na, wie findest du Perdita? Und was hat deine Oma zur Selswick-Schule gesagt?"

Cindy druckste verlegen herum: „Perdita ist toll, aber die ausländische Ballettlehrerin in dem Buch hat mich zum Lachen gebracht. Ich habe immer dich vor mir gesehen! Nur den Prospekt habe ich Oma nicht gezeigt."

„Um Himmels willen! Warum denn nicht?"

„Ich ... ich weiß nicht", stotterte Cindy. „Ich dachte, ich warte lieber noch. Ich glaube irgendwie, daß sie das nicht gut findet."

Jenny schaute sie mit einem scharfsinnigen Gesichtsausdruck an, der jedem Erwachsenen alle Ehre gemacht hätte.

„Ich weiß wirklich nicht, warum du Angst vor ihr haben solltest", meinte sie ruhig.

„Weiß ich selber nicht", gab Cindy zu. „Aber trotzdem hab' ich welche. Und Oma ist immer so nett. Sie ist ein echter Schatz, und ich liebe sie, aber ... aber manchmal verstehe ich sie nicht."

„Ich glaube, das bildest du dir nur ein. Aber behalt

den Prospekt noch, wenn du willst. Oder soll ich deine Oma für dich fragen?“ bot Jenny ihrer Freundin an.

„Nein, bloß nicht!“ schrie Cindy, daß sich alle umdrehten. „Ich meine ... nein, ich werde sie bald selbst fragen. Aber jetzt noch nicht. Ich habe ihr ja noch nicht einmal erzählt, daß du tanzt.“ Sie war ganz aufgeregt.

„Das scheint ja alles sehr merkwürdig zu sein“, stellte Jenny trocken fest. „Aber vielleicht weißt du es wirklich selbst am besten. Doch schließlich wird sie dich tanzen lassen müssen. Du bist wie dafür geschaffen.“

„Aber das kannst du doch nicht wissen“, widersprach Cindy und wurde dunkelrot vor Verlegenheit.

„Nein, vielleicht nicht. Aber trotzdem – ich habe alle möglichen Tänzerinnen gesehen, seit ich an der Selswick-Schule bin, und ein bißchen kann ich das schon beurteilen. Ich beobachte Menschen gerne, wenn ich eigentlich über Tanzschritte und die richtige Armhaltung nachdenken sollte. Ich fühle es einfach in meinen Knochen, daß du gut sein wirst. Und du weißt auch, was Miß MacDonnel gestern gesagt hat. Natürlich kennt sie nur schottische Tänze, aber du warst echt schnell. Die meisten brauchen das ganze Schuljahr dafür, um die Schritte zu lernen. Und auch dann werden sie noch die ‚Petronella‘ verpatzen.“ Sie lachte verschmitzt.

„Ich will wirklich tanzen. Ich werde meine Oma auch fragen. Aber jetzt noch nicht“, erklärte Cindy fest. Dann bemühte sie sich, alle Gedanken ans Tanzen aus ihrem Kopf zu verbannen. Das war bitter nötig, denn das Arbeitsniveau war sehr hoch an der Elleray-Schule, und sie würde nur Ärger bekommen, wenn sie schlechte Klassenarbeiten ablieferte.

Also machte sie sich energisch an die Arbeit, und nach zwei oder drei Wochen fühlte sie sich rundum glücklich an der Schule. Mit Jenny war sie dick befreundet. Aber es gab auch noch andere nette Mädchen in ihrer Klasse. Ihre alte Schule vermißte sie jedenfalls keinen Augenblick, auch wenn manche der neuen Fächer ziemlich schwer waren.

Die Wochenenden verliefen ruhig, aber das gab ihr wenigstens die Möglichkeit, die Geschichte von Perdita zu Ende zu lesen. Zum Glück hatte die umsichtige Jenny sie bereits mit dem zweiten Buch der langen Serie versorgt. Sonntagmorgen begleitete Cindy ihre Großmutter in die Kirche, und am Nachmittag fuhren sie alle mit dem Auto aufs Land. Die hügelige Landschaft von Warwickshire sah in der Septembersonne sehr schön aus. Als sie an einem hübschen Bauernhaus aus alten, roten Backsteinen vorbeifuhren, dachte Cindy sofort an Jenny und fragte sich, ob das vielleicht die Farm ihres Onkels sein könnte. Aber es gab dort eine Menge kleiner Landhäuser, deren Gärten von Herbstblumen und reifen Äpfeln überquollen.

In Stratford legten sie eine Teepause in einem Hotel am Fluß ein. Als Mr. Chester auf das große Shakespeare-Gedenktheater gegenüber blickte, sagte er plötzlich: „Wir sollten Cindy nächsten Sommer einmal hierher mitnehmen. Sie ist schon alt genug für Shakespeare, und der ‚Sommernachtstraum' würde ihr bestimmt gefallen. Vielleicht wird er ja zufällig gerade gespielt."

„O ja!" rief Cindy sofort begeistert, die das dunkle Gefühl hatte, daß in dem Stück möglicherweise auch getanzt wurde.

Gab es da nicht Feen? Und Puck? Es wäre auf jeden Fall besser als gar nichts. Und das große Theater, das sich so mächtig am Ufer des Avon erhob, hatte sie schon immer interessiert.

Auf der Heimfahrt fiel ihr ein, daß sie am nächsten Morgen Jenny wiedersehen und mehr über die Selswick-Schule erfahren würde. Sie konnte den Montag kaum abwarten.

Jennys erste Worte waren: „Paß auf! Ich hab' eine Spitzenidee! Ich bin sicher, Madame hat nichts dagegen, wenn du heute nachmittag mitkommst und beim Unterricht zuschaust. Er fängt um halb fünf an."

„Oh, das darf ich bestimmt nicht", rief Cindy, die Augen weit aufgerissen.

„Warum nicht?" fragte Jenny überrascht. „Oft schauen Leute zu, und wir können ihr dann auch erzählen, daß du bei uns mitmachen willst. Sie ist wirklich nett, wenn sie nicht gerade schimpft, daß wir Mehlsäcke seien. Warum erzählst du deiner Oma nicht einfach, daß du heute später kommst, weil du zu mir gehst?" Sie zwinkerte mit den Augen.

Die Versuchung war groß, aber Cindy war fest davon überzeugt, daß das Ganze nicht klappte. Doch das Schicksal meinte es gut mit ihr, denn ihre Großmutter sagte beim Mittagessen:

„Ich werde heute nachmittag später nach Hause kommen. Ich gehe um halb fünf zu einem Treffen des Frauenclubs. Aber Mrs. Tring wird dir den Tee machen, und ich bin nicht später als um sechs wieder zurück." Sie füllte Cindy Gemüse auf den Teller.

„Macht es etwas, wenn ich auch später komme?" fragte sie atemlos. „Jenny möchte, daß ich ... Sie fragte, ob ..." Sie stockte.

Doch Mrs. Chester war in Eile, sie wollte noch telefonieren und hörte kaum hin, was Cindy sagte.

„Wenn Jenny möchte, daß du mit zu ihr gehst, paßt das sehr gut, und ich brauche mir keine Sorgen zu machen, daß du allein bist", erklärte sie und legte ihr Besteck beiseite.

Kurz darauf stand sie auf und ging zum Telefonieren auf den Flur. Cindy holte tief Luft und begann langsam die Seiten einer Zeitschrift umzublättern. Aber sie nahm die Buchstaben gar nicht wahr. Sie fühlte sich irgendwie gemein; denn sie hatte ihre Großmutter eigentlich noch nie hinters Licht geführt. Aber es konnte doch andererseits nichts Schlechtes sein, mit Jenny in die Selswick-Schule zu gehen. Und sie wünschte sich nun mal nichts mehr als dies.

Das schlechte Gewissen ließ ihr jedoch keine Ruhe. Als sie fertig zum Weggehen war, drehte sie sich um und ging noch einmal zu ihrer Großmutter. Mrs. Chester war gerade dabei, eine neue Nummer zu wählen. In letzter Zeit hatte sie angefangen, zu verschiedenen Clubs zu gehen, und war jetzt öfter als früher außer Haus.

„Oma, ich wollte dir nur sagen“, setzte Cindy wieder an, „. . . Jenny nimmt mich mit in die . . .“

Ihre Großmutter gab ihr einen flüchtigen Kuß auf die Wange und schob sie sachte in Richtung Haustür.

„Du bist spät dran, Cindy“, sagte sie kurzerhand. „Beeil dich, Liebes! Du willst dir doch keine Minuspunkte einhandeln. Mach's gut!“

Cindy schluckte, dann ging sie. Schließlich hatte sie es ja versucht, und das besserte ihre Stimmung.

„Ich komme mit“, informierte sie Jenny, als die beiden ihre Bücher für die Geschichtsstunde herausholten.

Jenny grinste.

„Na prima! Du willst dir also die hübschen Mehlsäcke ansehen! Ich hab' dir ja gleich gesagt, daß deine Oma nichts dagegen haben würde.“

„Ich hab's ihr gar nicht erzählen können“, warf Cindy ein. „Immer, wenn ich anfing, war sie beschäftigt und hat gar nicht zugehört. Sie geht zu irgendeinem Treffen und wird heute später nach Hause kommen. Sie dachte, daß ich dich besuche.“

Jenny legte sorgfältig ihre Bleistifte vor sich auf den Tisch.

„Ach, na ja, ist schon in Ordnung. Du kannst es ihr ja später immer noch erzählen. Das wirst du sowieso tun müssen, wenn du sie wegen der Ballettstunden fragst.“

„Aber . . .“, fing die unglückliche Cindy an, da öffnete sich die Tür, und der Geschichtslehrer kam herein.

Als die Schule aus war und sie beide zusammen auf den Bus warteten, hatte sie ihr schlechtes Gewissen mehr oder weniger vergessen. Statt der üblichen Schultasche trug Jenny jetzt einen kleinen Koffer. Er enthielt ihre Trainingskleider und -schuhe.

Bald kam der Bus, und sie fuhren holpernd in die Stadt. Nach zehn Minuten rannten sie schon durch eine Seitenstraße und kamen an ein großes, ziemlich düsteres Gebäude, an dem „Janetta-Selswick-Tanzschule“ stand. Ein kleinerer Hinweis darunter lautete: „Kurse in Ballett, Mimik, Step- und Standardtänzen. Alle Altersstufen“.

Dort angekommen, fühlte sich Cindy plötzlich wieder unsicher und unbeholfen. Sie glaubte, daß man ihr die kalte Schulter zeigen würde. Aber Jenny drängte sie schnell durch eine Schwingtür hindurch und einen dunklen Korridor entlang. In der Ferne konnte man mehrere Klaviere hören. Eine Stimme in einem nahe gelegenen Raum kommandierte: „*Eins*, zwei, drei. *Eins*, zwei, drei. Halt!“

„Das ist der Kurs für Standardtanz. Aber das ist langweilig“, sagte Jenny und stürmte eine steile Treppe hinunter in den Umkleideraum, wo sich eine Gruppe Mädchen verschiedenen Alters umzog. Während sie hastig Mantel, Rock und Bluse auszog und anfing, in ihr kurzes Trikot zu schlüpfen, stand Cindy schweigend abseits. Schließlich steckte sich Jenny noch die Haare hoch.

„Dann stören sie beim Tanzen nicht so“, erklärte sie.

Die neue Frisur veränderte ihr Gesicht völlig, und überhaupt sah sie ganz anders aus. Cindy hätte jetzt alles dafür gegeben, wenn sie in solchen Kleidern hätte dastehen können, bereit für den Ballettunterricht.

„Komm!“ drängte Jenny. „Madame kann es nicht ausstehen, wenn man zu spät kommt!“ Sie lief die Treppe wieder hinauf, den Korridor entlang und noch eine Treppe hoch. Cindy folgte ihr atemlos, aber schon tief beeindruckt. Eine Gruppe älterer Mädchen in Trainingskleidung eilte an ihnen vorbei. Eine von ihnen sagte: „Ich habe ihr gesagt, daß es eine Schande wäre, wenn ich nicht die erste Tänzerin werde und . . .“

„Ach, das ist typisch Carol!“ meinte Jenny. „Sie hält sich für den Star der Amateurgruppe, die jedes Jahr Weihnachten im ‚Royal‘ eine Pantomimevorstellung gibt. Sie nennen sich ‚Die Narzissen‘. Sie wird auch nie ein Profi.“

„Du weißt ja ’ne ganze Menge“, rief Cindy mit echter Bewunderung.

Aber Jenny winkte ab:

„Eigentlich nicht. Ich höre eben nur das, was Madame und die anderen sagen. Aber Carol ist zu unbeholfen, genau wie ich. Sie hat eben auch eine Mutter, die sie zum Ballett schickt. Die arme Mutter!“

Dann standen sie in der Tür zu einem großen, hellen Studio. Irgend jemand klimperte auf dem Klavier ein paar Takte Ballettmusik, und einige Mädchen und drei Jungen machten Übungen an der Stange.

Cindy blieb zurück, sie fühlte, daß sie auffiel. Aber Jenny sagte fröhlich: „Setz dich einfach da drüben in die Ecke. Ich werde jetzt mal anfangen, und wenn Madame kommt, werde ich es ihr erklären. Sie unterrichtet meistens selbst, weißt du?“

Cindy setzte sich in die Ecke neben dem Klavier und konnte beobachten, wie immer mehr Schüler dazukamen. Was hatten die für ein Glück, daß sie bei Janetta Selswick, der ehemaligen Ballerina der Königlichen Ballettkompanie, Ballett lernen durften!

Manche der Mädchen waren bestimmt schon zwölf oder dreizehn, andere waren noch sehr klein und sahen nicht älter aus als acht. Jenny hatte ihr erzählt, daß es gefährlich sei, mit dem Ballettunterricht vor dem achten Lebensjahr zu beginnen, und daß Madame dagegen sei, jüngere Schüler zu nehmen. Zehn war das ideale Alter, um anzufangen.

An der Stange übten dünne Mädchen und auch einige pummelige; einige sahen kantig und unbeholfen aus in ihrem Trikot, und nur wenige bewegten sich ungezwungen und anmutig. Es gab nur ein paar Jungen unter den Anfängern, und die waren meist nicht älter als zehn oder elf.

Cindy fragte sich, wie wohl die fortgeschrittenen Schüler aussehen würden.

Sie träumte vor sich hin und beobachtete die Übungen an der Stange, als plötzlich eine ältere Frau mit stahlgrauen Haaren und einer immer noch guten Figur den Raum betrat. Der Pianist sprang auf, um sie zu begrüßen, und alle hörten sofort mit dem Üben auf.

„Guten Tag, Madame!“ erklang es von allen Seiten durcheinander.

Jenny ging etwas verlegen auf die Lehrerin zu und sprach leise mit ihr. Nach ein paar Augenblicken wandte sich die Frau Cindy zu. Die stand auf, wurde rot und war ganz befangen, aber voller Erwartung. Janetta Selswick winkte sie zu sich heran.

„Jenny sagte mir, daß du zuschauen möchtest. Natürlich darfst du das, meine Liebe. Hast du schon Tanzunterricht gehabt?“

„Nein, noch nie“, antwortete Cindy schüchtern. „Aber ich würde nichts lieber tun.“

Janetta Selswick hatte das schon so oft gehört, und sie reagierte darauf meist mit Zurückhaltung. Aber an diesem Mädchen mit den dunklen Augen, den glatten schwarzen Haaren und der guten Körperhaltung war etwas, das ihr außergewöhnlich erschien. Es hatte irgendwie eine besondere Ausstrahlung.

„Cindy möchte im Kurs mitmachen. Sie will ihre Oma fragen, ob sie darf“, erklärte Jenny eifrig.

„Dann hoffe ich, daß ihre Großmutter es erlauben wird“, erwiderte Janetta Selswick lächelnd und wandte sich wieder ihren Schülern zu.

Mit einem Summen im Ohr und einem ganz heißen Gesicht sank Cindy wieder auf den Fußboden. Es dauerte eine gewisse Zeit, bis sie wieder auf das achtete, was um sie herum passierte. Nur ein einziger Gedanke beherrschte sie: wie sie ihre Großmutter überzeugen könnte, sie hier teilnehmen zu lassen. Mit einem Seufzer schaute sie wieder zur Stange hinüber.

Sie bemerkte bald, obwohl sie davon noch nicht viel verstand, daß sich einige, wie zum Beispiel Jenny, unbeholfen und steif bewegten, andere dagegen wesentlich geschmeidiger.

Es war für sie auch eine überraschende Entdekkung, daß soviel Wert darauf gelegt wurde, richtig an der Stange zu stehen. Aber dann hörte sie, wie Madame einem Mädchen erklärte, daß der richtige Stand die Grundlage der ganzen Ballettausbildung sei. Darauf würde schließlich alles weitere aufbauen, und wenn man ihn nicht beherrsche, bliebe man immer im Nachteil.

Nach einer Weile begannen die Übungen in der Raummitte. Cindy schaute gebannt zu. Sie richtete ihre halbe Aufmerksamkeit auf Madame und den Rest auf die übrigen Personen. In ihren Ohren klangen Wörter, die sie nie vorher gehört hatte: plier, étendre, glisser. Ja, das waren alles französische Wörter, und wenigstens eines kannte sie: glisser. Das bedeutete „gleiten".

Sie sah, wie die verlegene Jenny immer wieder versuchte, die richtige Bewegung hinzubekommen, aber es einfach nicht schaffte. Sie litt mit ihr, als Madame plötzlich alle Freundlichkeit und Ruhe über Bord warf und schrie, daß sie nie tanzen lernen würde – nie! Es sei Zeit- und Geldverschwendung, ihr überhaupt Unterricht zu geben!

Aber gleich darauf wurde Madames Aufmerksamkeit von einem blonden, ziemlich selbstgefälligen Mädchen angezogen, welches während der ganzen Übungen unentwegt geziert gelächelt hatte. Ein paar

Minuten später sah es dann schon viel weniger selbstgefällig aus.

Als der Unterricht vorbei war, kam Jenny zu ihrer Freundin in die Ecke.

„Siehst du nun, warum ich ein hoffnungsloser Fall bin?“ sagte sie niedergeschlagen. „Madame hat doch recht, oder nicht? Sie hat sogar meiner Mutter gesagt, daß sie nicht glaubt, aus mir auch nur eine mittelmäßige Tänzerin zu machen. Aber meine Mutter hat bloß gesagt, ich hätte doch gerade erst angefangen und noch genug Zeit, es zu lernen.“ Sie legte ihre Arme um die Knie.

„Die meisten finden den Unterricht ganz toll“, sagte Cindy, als sie eine halbe Stunde später hinter den hüpfenden, lachenden Ballettschülern die Treppe hinuntergingen.

„Die Hälfte von denen träumt jede Nacht davon, eine Ballerina zu werden. Ich träume lieber von Schweineställen.“ Und Jenny lachte laut, zog eine Grimasse und schnaufte heftig, um ihren Gefühlen Luft zu machen.

„Ich wünschte, ich könnte auch mitmachen“, sagte Cindy sehnsüchtig.

„Sei doch bloß nicht so ein Dummkopf! Frag endlich deine Oma. Sie wird dich schon nicht auffressen, oder?“

„Nein“, stimmte Cindy langsam zu. Und abends, als sie mit ihrer Großmutter friedlich am Kaminfeuer im Wohnzimmer saß, nahm sie allen Mut zusammen, um endlich ihren Wunsch auszusprechen. Mrs. Chester hörte zu, zunächst bestürzt und dann mit so einem Gesichtsausdruck, daß Cindy ganz mutlos wurde. Aber ihre Großmutter sagte lediglich:

„Ich wußte gar nicht, daß Jenny Pilgrim so gerne tanzt."

„Tut sie ja gar nicht. Sie will viel lieber Bäuerin werden. Aber ihre Mutter besteht darauf, daß sie Ballett lernt. Oma, bitte, darf ich auch Unterricht nehmen? Ballettunterricht?" Sie beugte sich auf ihrem Stuhl vor.

Mrs. Chester strickte hastig.

„Ich glaube, Cindy", sagte sie nach einer Pause, „daß du schon mit genug Dingen fertig werden mußt: mit einer neuen Schule und ziemlich vielen Hausaufgaben. Aber wenn du wirklich etwas Neues anfangen willst, empfehle ich dir Klavierunterricht. Du scheinst Musik zu lieben, und es wäre nicht so anstrengend wie Ballettstunden nach einem harten Schultag."

Cindy knetete nervös an ihrem Rocksaum herum und verbarg ihr Gesicht hinter ihren herabfallenden Haaren.

„Ich würde ja gern Klavier spielen lernen, Oma", sagte sie dann. „Jenny sagt, das gehört zu jeder Tanzausbildung. Aber ..."

„Jenny sagt!" wiederholte Mrs. Chester in ungewöhnlich scharfem Tonfall. „Diese Jenny scheint dir ja viel erzählt zu haben." Sie legte ihr Strickzeug beiseite.

„Ja, sie hat mir viel erzählt", sprudelte Cindy los. „Sie will gar nicht tanzen, aber ihre Mutter weiß viel vom Ballett. Jenny hat mir alles über die Königliche Ballettschule erzählt, auch von dem Ballett, das im Covent Garden in London tanzt und manchmal in New York und noch woanders. Und über die Igor-Dominick-Schule. Die haben da ihr eigenes Ballett; das ist fast so gut wie die Königliche Ballettkompanie. Ein Mädchen von der Selswick-Schule hat dort letztes Jahr ein Stipendium bekommen und ..."

„Du scheinst ja tatsächlich eine Menge aufgeschnappt zu haben", unterbrach sie Mrs. Chester, nun etwas ruhiger. „Aber ich glaube, ein kleines Mädchen von zehn Jahren sollte sich lieber mit Schularbeiten und Spielen beschäftigen."

„Aber, Oma, ich würde so gerne ...", machte ihre Enkelin einen letzten Versuch.

„Warte noch ein bißchen. Du könntest sowieso nicht vor Weihnachten anfangen. Ich glaube, bis dahin hast du das alles vergessen. Aber wir werden uns sofort um einen guten Musiklehrer kümmern. Klavierspielen kann dir nicht schaden."

Cindy gab auf und sagte nichts mehr. Sie wollte am liebsten schreien, sich mit ihrer Oma streiten, ihr sagen, daß sie unbedingt tanzen lernen müsse.

Aber statt dessen trank sie schweigend ihre Milch und ging langsam und mit hängendem Kopf zu Bett. Stunden später hörte sie Stimmen auf dem Gang, leise Stimmen, die sie gerade noch verstehen konnte. Ihre Großmutter sagte gerade: „Ich wollte, sie hätte sich nicht ausgerechnet mit Pilgrims Mädchen angefreundet. Ich frage mich, ob es schon zu spät ist, das zu beenden."

Und ihr Großvater antwortete ruhig und vernünftig: „Ich glaube, das ist nicht nötig, Claire. Cindy mag Jenny sehr, und das scheint auch ein sehr nettes Mädchen zu sein. Und wenn es wahr ist, was Cindy sagt, dann ist sie mehr an Landwirtschaft als an Ballett interessiert. Außerdem möchte ich es mir mit Pilgrim nicht verderben. Schließlich ist er ein Geschäftsfreund und ..."

Mrs. Chester machte „Pst!", fügte aber noch hinzu: „Jedenfalls hoffe ich, daß wir nichts mehr vom Ballett hören."

„Vielleicht ist es unvermeidbar", sagte ihr Mann langsam. „Es würde dem Mädchen auch nicht schaden, ein paar Stunden zu nehmen ..."

Dann wurde eine Tür zugemacht, und es blieb still im Haus. Cindy lag regungslos in ihrem Bett und starrte in die Dunkelheit. Ängstlich fragte sie sich, ob ihre Großeltern etwas gegen ihre Freundschaft mit Jenny hatten. Es klang nicht so, als wäre ihr Opa dagegen. Und das Tanzen?

„Ich gebe nicht auf; ich werde wieder fragen", sagte sie laut. „Ich will tanzen lernen."

Im Grandtheater

Mrs. Chester hielt ihr Wort, und eine Musiklehrerin war bald gefunden. Sie kam einmal die Woche in das Haus in der Beechstraße. Cindy machte die erste Stunde großen Spaß, und sie fand sich schnell mit

Tonleitern und Etüden zurecht. Am meisten freute es sie, daß sie plötzlich ihre eigene Musik machen konnte.

Dabei hatte sie natürlich den Hintergedanken, daß ihr das irgendwann einmal beim Tanzen nützen würde. Denn dafür würde sicherlich die Zeit irgendwann kommen.

Als ihrer Freundin der Tanzunterricht abgelehnt wurde, war Jenny ziemlich empört, aber sie freute sich, durch Cindy etwas über Musik zu lernen.

„Natürlich wird es dir eine Hilfe sein", meinte sie. „Madame sagt das jedenfalls immer. Ich nehme auch Musikstunden, aber darin bin ich auch nicht viel besser als im Ballett. Meine Güte! Ich weiß wirklich nicht, warum ich gezwungen werde, etwas zu tun, was gar nicht zu mir paßt. Ich würde lieber zweimal die Woche Kühe melken, anstatt wie ein junges Reh umherzuhüpfen! Ich glaube, ich werde mal meine Tante bitten, ernsthaft mit Mutti zu reden. Sie weiß, daß ich ein Naturfreund bin und als Tänzerin einfach nichts tauge. Vielleicht kann sie meine Mutter davon überzeugen"

„Es ist schon komisch", sagte Cindy gedankenverloren, die in letzter Zeit oft grübelte. „Du darfst tanzen und ich nicht. Vor lauter Verzweiflung habe ich schon das dritte Buch der Serie durchgelesen. Kann ich das nächste haben?"

„Du kannst alles haben", antwortete Jenny großzügig. „Aber glaub ja nicht, daß es so einfach ist, wie es da drinsteht."

„Keine Sorge", winkte Cindy ab. „Ich weiß, daß es

Jahre harter Arbeit bedeutet. Aber das macht mir überhaupt nichts.“ Sie hatte auf einmal einen ganz ernsthaften Gesichtsausdruck.

„Ich weiß, daß du es ernst meinst“, erwiderte Jenny und legte ihr den Arm um die Schultern. „Gib nicht auf! Deine Oma hat gesagt, sie wird es sich überlegen.“

„Ja, aber ich glaube irgendwie nicht, daß sie das ernst gemeint hat. Vielleicht kann ich wenigstens Opa überzeugen. Aber normalerweise sagt er immer das, was sie sagt – vor den anderen zumindest.“ Cindy stützte ihr Kinn in eine Hand und grübelte.

„Na ja, laß es erst mal ’ne Weile auf sich beruhen. Du bist doch erst zehn und hast noch genug Zeit.“

Aber Cindy hatte es eilig, auch wenn sie in nächster Zeit ihren Wunsch unterdrückte und nur noch für die Schule lernte. Die meisten Unterrichtsstunden machten ihr Spaß, nur die Spiele mochte sie überhaupt nicht, obwohl sie eigentlich schnell und geschickt war. Dagegen freute sie sich immer auf die zwei Tanzstunden.

Die waren ihr viel zu kurz, ganz anders als die Volleyballspiele im Freien, die manchmal eine Ewigkeit zu dauern schienen, besonders an Tagen, an denen der Boden matschig war und ein eisiger Wind wehte.

An einem Morgen zwei Wochen später kam Jenny atemlos in den Umkleideraum gerannt – zwei Minuten, bevor es klingelte.

„Ich habe einen Brief von meiner Mutter an deine Oma“, schnaufte sie. „Ich glaube, das haut dich um, auch wenn es nur ein drittklassiges Ensemble ist, wie meine Mutter sagt."

„Was ist denn los?" fragte Cindy, während sie sich ihre glatten Haare kämmte. „Worum geht es überhaupt?"

„Nächste Woche kommt ein Ballett in das Grandtheater", berichtete Jenny. „Die nennen sich die ‚Britische Ballettkompanie'. Mutti sagt, die sind nicht unbedingt hervorragend, aber immer noch besser als gar nichts. Sie hat drei Karten für den Rang und möchte, daß du mitkommst." Sie streifte sich einen Pullover über und konnte deshalb Cindys verdutztes Gesicht nicht sehen.

Es klingelte, aber sie nahm keine Notiz davon.

„Ich? Ein richtiges Ballett sehen?" stotterte sie aufgeregt. „Oh, Jenny!" Cindy strahlte.

Jenny faßte sie am Arm und schob sie in Richtung Schulgebäude.

„Es ist schön, jemandem eine Freude zu machen", lachte sie. „Im Odeon-Kino läuft nächste Woche ein toller Western, und ich würde zehnmal lieber dahin gehen. Werde ich auch, wenn mein Taschengeld reicht. Das Ballett ist am Freitagabend. Mutti sagt, es wär' nicht so schlimm, wenn wir am Wochenende ein bißchen länger aufbleiben. Um sieben fängt es an und dauert bis halb zehn. Meine Mutter fährt dich dann mit dem Auto nach Hause. Der Brief ist in meiner Schultasche. Erinnere mich bloß daran, daß ich ihn dir nachher gebe." Jenny öffnete die Tür zum Klassenzimmer, und beide traten ein. Cindy nahm den Brief mit nach Hause, doch beim Mittagessen sagte sie kein Wort von der Einladung. Ihr Großvater war heute nicht da, und sie dachte, es wäre besser, auf ihn zu warten.

So zeigte sie den Brief erst am Abend. Die Hausaufgaben hatte sie erledigt, und nun saßen sie zu dritt vor dem Kaminfeuer. Ihre Großmutter las langsam den Brief und runzelte die Stirn, dann gab sie ihn ihrem Mann. Cindy saß wie auf Kohlen.

„Es ist wirklich nett von Mrs. Pilgrim, aber ich glaube kaum ...", begann Mrs. Chester.

„Aber Oma!" schrie Cindy in einem Anflug von Verzweiflung.

„Wie du weißt, halte ich nichts davon, daß du während des Schuljahres so lange aufbleibst", fuhr ihre Großmutter fort. „Du siehst sehr blaß aus, seit die Urlaubsbräune verschwunden ist, und das liegt daran, daß dich die Schule anstrengt. Ich werde Mrs. Pilgrim danken, aber ..."

„Nun, Cindy ist doch aber seit Beginn des Schuljahres noch gar nicht weg gewesen, und es wäre mal etwas Neues für sie", warf Mr. Chester ein und blickte von dem Brief auf. „Außerdem ist es eine schlechte Belohnung für ihren Fleiß in der Schule, wenn sie jeden Abend früh ins Bett muß."

„Es ist aber außerdem nur ein drittklassiges Ensemble", beharrte seine Frau.

„Mrs. Pilgrim hat das auch gesagt", bemerkte Cindy und schnappte nach Luft. „Woher weißt du das, Oma?"

Mrs. Chester wurde etwas verlegen. Dann sagte sie ruhig: „Ich bin ja nicht völlig uninformiert, Cindy. Dies Ensemble ist neu und nicht sehr vielversprechend – nach allem, was ich gelesen habe. Und du bist noch viel zu jung, um ein Ballett wie ‚Giselle' zu verstehen, auch wenn sie nur den zweiten Akt spielen. Genauso ist es mit ‚Les Sylphides' und ‚Le Spectre de la Rose', die an diesem Abend auch aufgeführt werden."

Cindy war platt. Sie hatte nun wirklich nicht erwartet, daß ihre Großmutter irgend etwas vom Ballett verstand.

„Aber Oma! Ich wußte gar nicht, daß du schon mal ein Ballett gesehen hast", sagte sie überrascht. „Ich bin doch nicht zu jung dafür. Jenny hat mir vom ‚Spectre de la Rose' erzählt. Sie hat das schon mal gesehen. Der Tänzer springt durch ein Fenster und ..."

Ihre Großmutter schaute sie mit einem seltsamen Gesichtsausdruck an.

„Sei nicht albern, Cindy", meinte sie und ließ ihr Strickzeug sinken. „Warum sollte ich denn kein Ballett gesehen haben?"

„Aber du – du hast nie davon erzählt ..."

„Ich glaube, wir sollten Cindy gehen lassen", sagte Mr. Chester plötzlich entschlossen. „Das hat sie wirklich verdient. Und wir können es ihr kaum ausschlagen, denn es ist von Mrs. Pilgrim sehr freundlich, ihr eine Eintrittskarte zu schenken, noch dazu für den Rang, der beim Ballett immer am teuersten ist."

Zu Cindys großer Erleichterung gab ihre Oma schließlich nach, wenn auch ziemlich ungern.

„Also gut, ich werde Mrs. Pilgrim eine Antwort schreiben und mich für die Einladung bedanken. Aber merk dir, Cindy, bis Weihnachten wirst du dann aber nicht mehr so lange ausgehen.“ Sie legte den Brief beiseite.

„Ich werd's mir merken. Vielen Dank, Oma!“ Und Cindy umarmte sie stürmisch.

Mrs. Chester machte sich sachte von ihr los und glättete ihre Frisur.

„Schon gut“, lächelte sie. „Es ist abgemacht, und du brauchst jetzt nicht so aufgeregt zu sein. Du bist genauso temperamentvoll wie dein Vater.“

Cindy stutzte, denn ihr Vater wurde nur sehr selten erwähnt.

„Wirklich?“ fragte sie. „Jenny würde sagen, das ist romantisch.“

„Es ist fast Zeit, zu Bett zu gehen“, sagte ihre Großmutter nur.

Auf dem Weg in die Küche dachte Cindy, daß die interessantesten Gespräche immer damit zu enden schienen, daß sie ins Bett geschickt wurde. Das war ziemlich frustrierend für sie, aber heute hatte sie wenigstens ein bißchen mehr über ihren Vater erfahren. Sie besaß nur noch ein Foto von ihm: ein Portrait, auf dem er richtig gut aussah. Von ihrer Mutter gab es drei Fotos, und Cindy schaute sich diese oft an, auch wenn sie nicht sehr scharf waren. Betsy Adamo, geborene Chester, hatte kastanienbraunes Haar, geschwungene Augenbrauen und einen ziemlich breiten, lächelnden Mund. Cindy hatte sich schon so oft mehr Fotos gewünscht, besonders solche, auf denen ihre Mutter älter war. Aber ihre Großmutter hatte ihr nie welche gegeben. Sie hatte nur einmal gesagt, daß sie alle beim Umzug von London verlorengegangen seien. Sie sprach auch nicht gerne darüber. Cindy glaubte, daß lag daran, daß ihre Oma immer noch unter dem Tod ihrer Tochter litt.

Am nächsten Morgen traf Cindy ihre Freundin Jenny auf dem Schulweg und teilte ihr sofort die Neuigkeit mit.

„Stell dir vor, ich darf mitkommen. Und ist es nicht komisch? Oma hat sogar ein bißchen Ahnung vom Ballett!“

„Na ja, darüber weiß jeder etwas, glaube ich“, meinte Jenny altklug. „Ich find's klasse, daß du mitkommen kannst. Aber aus dem Kino wird dann wohl nichts, oder?“ Sie nahm ihre Schultasche in die andere Hand.

„Ich glaube, ich frage besser nicht“, stimmte Cindy zu. „Und außerdem mag ich Western ehrlich gesagt nicht besonders. Da wird immer soviel rumgeschossen!“

„Aber da gibt's weite, offene Landschaften!“ schwärmte Jenny begeistert. „Und alle Kinder reiten in den Filmen. Die hopsen nicht in einem albernen Tutu herum wie im Ballett.“

„Du bist komisch“, erwiderte Cindy kichernd. Sie mochte Jenny besonders wegen ihrer ungewöhnlichen Bemerkungen. Sie war überhaupt nicht wie die anderen Mädchen in der Schule.

Von diesem Tag an lebte Cindy nur noch für den

Freitagabend, an dem sie ins Ballett gehen wollten. Die Plakate waren überall in der Stadt zu sehen, und sie ließ sich die Namen der einzelnen Stücke auf der Zunge zergehen: ‚Le Spectre de la Rose', ‚Schwanensee', ‚Giselle', ‚Divertissement'.

„Was ist denn ‚Divertissement'?" fragte sie Jenny einmal.

„Viele kleine Tanznummern. Nicht halb so langweilig wie so ein langes Stück wie ‚Schwanensee'."

Auch die Namen der Tänzer waren faszinierend. Die Ballerina hieß Joanelle Tenowitsch, und ihr Name war in sehr großen Buchstaben geschrieben.

„Ihr richtiger Name ist wahrscheinlich Joan Smith", sagte Jenny belustigt und keineswegs beeindruckt. Sie war ein kritischer Beobachter.

Endlich war es Freitagabend. Cindy zog ihr bestes Kleid an. Sie war so aufgeregt, daß sie kaum die Reißverschlüsse zubekam. Schließlich mußte ihre Oma ihr helfen, die Schleife zu befestigen, die ihre Haare zurückhielt. Als Jenny dann an der Haustür klingelte und Cindy gegenüberstand, war sie augenscheinlich stark beeindruckt.

„Du siehst ja wirklich phantastisch aus!" rief sie. „Zieh den Mantel an und komm. Meine Mutter wartet im Auto."

„Möchte sie nicht noch etwas reinkommen?" fragte Mrs. Chester, während sich Cindy ihren besten, grauen Mantel anzog.

„Nein, vielen Dank, Mrs. Chester. Sie möchte früh auf dem Parkplatz sein. Heute läuft gleichzeitig eine Show im ‚Royal', und der Parkplatz wird schnell voll sein“, sagte Jenny. Sie nahm Cindy bei der Hand, und beide rannten den Weg hinunter durch die Kälte und die Dunkelheit.

Cindy hatte das Gefühl zu träumen, als sie in die hellerleuchteten Straßen der Stadt hinunterliefen. Sie würde ein Ballett sehen – ihr erstes Ballett! Und sie scherte sich den Teufel darum, ob es nun ein drittklassiges war und ob Joanelle Tenowitsch eigentlich Joan Smith hieß.

„Du hast jedenfalls Glück, wenn du mal Tänzerin bist“, stellte Jenny fest, als hätte sie Cindys Gedanken erraten. „‚Lucinda Adamo‘! Klingt echt gut, aber alle werden glauben, daß du dir den Namen ausgedacht hast.“

Schließlich waren sie angekommen.

Das Grandtheater war ein großer Bau und sehr altmodisch. Es hatte den Ruf, kalt, zugig und unbequem zu sein. Aber als Cindy die Treppen zum Rang hinaufstieg, kam es ihr einfach perfekt vor, fast himmlisch. Sie betrachtete fasziniert die vergoldeten Säulen und die Engel über dem Vorhang. Sie war ganz nervös. Irgendwie war ihr dieser Ort während der Pantomimevorstellungen noch nie so aufregend vorgekommen, obwohl es ihr auch damals schon gut gefallen hatte.

Ihre Sitzplätze waren tatsächlich die besten im ganzen Theater: genau in der Mitte des ersten Ranges. Cindy setzte sich schnell und blätterte in dem Programmheft, das Mrs. Pilgrim ihr gekauft hatte. Sie fand, daß es gut war, die Theaterprogramme aufzubewahren, denn so wüßte man später immer, was und wen man gesehen hatte. Cindy beschloß, das Ballettprogramm zu Hause in ihr Schmuckkästchen zu legen.

„Lies es lieber jetzt sorgfältig durch", sagte Mrs. Pilgrim freundlich. Sie war beeindruckt von Cindys Eifer. Jahrelang hatte sie sich immer bemüht, in Jenny Interesse zu wecken, aber nun begann sie sich einzugestehen, daß Jennys Stärken und Talente ganz woanders lagen.

„Es gibt zu jedem Ballett eine Inhaltsangabe", erklärte sie Cindy das Programmheft. „Na ja, nicht von ‚Les Sylphides'. Das hat eigentlich keinen richtigen Inhalt."

Cindy blickte auf die Wörter ‚Les Sylphides' und auf die Namen der Tänzer, die darunter standen. Das ganze Stück war offenbar in verschiedene Tänze unterteilt: Nocturne, Walzer, Mazurka. Sie erinnerte sich dunkel an weißgekleidete Figuren auf dem Fernsehbildschirm und an Chopins schöne Musik.

„Les Sylphides!" sagte sie leise zu sich selbst. Es klang irgendwie wunderbar.

„Jede Ballettkompanie tanzt es", erläuterte Mrs. Pilgrim. „Es kann sehr schön sein. Bei diesem Ensemble habe ich jedoch meine Zweifel."

Aber als das Licht dunkler wurde und die Musik erklang, hatte Cindy überhaupt keine Zweifel. Langsam hob sich der Vorhang und enthüllte eine blaubeleuchtete Bühne und Gruppen von weißgekleideten Figuren.

Sofort war sie in einer anderen Welt, einer Welt von eleganten Bewegungen, ständig wechselnden Figuren und einer fesselnden Musik. Mrs. Pilgrim sah natürlich aufgrund ihres größeren Wissens die Fehler in der Tanztechnik. Sie konnte auch Vergleiche zu den anderen Tänzern von weit größeren und wichtigeren Bühnen ziehen. Für Cindy aber war es die erste Begegnung mit der Welt des Balletts, und sie fand es einfach wunderbar.

Als nach dem Finale der Vorhang fiel und die Lichter die klatschenden Menschen sichtbar werden ließen, blinzelte sie und seufzte und sah so geistesabwesend aus, daß Mrs. Pilgrim sie in Ruhe ließ und sich mit Jenny unterhielt, die auf der anderen Seite neben ihr saß.

Dann gingen sie nach einer Weile alle in die Halle hinunter.

Cindy bekam ein Eis, aber irgendwie schmeckte sie es gar nicht. Sie wartete nur darauf, daß der Vorhang wieder hochging und sie sehen konnte, was das Wort ‚Giselle' bedeutete. Der Hinweis im Programmheft war ziemlich schwer zu verstehen gewesen, und sie fand es traurig, daß Giselle in einem Grab auf der Waldlichtung liegen sollte.

„Selbstverständlich spielen sie nur den zweiten Akt", erklärte Mrs. Pilgrim, als sie wieder auf den Stühlen Platz nahmen. „Ich persönlich mag den ersten Akt sehr." Da wurde zum dritten Mal geklingelt, und der zweite Teil begann.

Cindy verstand zwar die Handlung nicht ganz, aber sie war wieder vollständig verloren in der Welt der Bewegung und Musik. Erst während der zweiten Pause wurde ihr eigentlich bewußt, daß die Tänzer ja auch richtige Menschen waren. Vielleicht tranken sie ja gerade Tee und unterhielten sich in der Garderobe hinter der Bühne. Bestimmt waren sie auch einmal Schüler in einer Ballettschule gewesen und hatten Übungen an der Stange machen müssen. Und wahrscheinlich waren sie auch vor einer zornigen und spöttischen Madame ganz klein geworden.

Es geschah während „Le Spectre de la Rose", genau als die verträumte Musik lebhafter wurde und laut anschwoll. Cindy sah es klar vor ihren Augen und faßte den Entschluß: Sie würde Tänzerin werden! Lange Zeit war es ein Traum gewesen, ein sehnsüchtiger Wunsch, aber plötzlich gab es für sie nicht mehr den geringsten Zweifel daran. Daß sie es auch schaffen würde, war so sicher wie die Tatsache, daß sie allmählich erwachsen wurde. Das erste, was sie tun mußte, war, in die Selswick-Schule zu gehen und im Anfängerunterricht hart zu arbeiten.

Auf einmal zweifelte sie auch nicht mehr an der Einwilligung ihrer Großmutter. Doch im selben Moment sah sie das strenge Gesicht und die grauen Haare der Frau vor sich, die ihr die Mutter ersetzt hatte.

Als jetzt ein Tänzer durch ein Fenster sprang, wandte sich ihre Aufmerksamkeit wieder der Bühne zu. Und dann war bald alles vorbei. Sie war wieder sie selbst, wenn auch ziemlich durcheinander und geistesabwesend. Jenny war fest eingeschlafen, was ihre Mutter ziemlich ärgerte.

„Bist du auch schon einmal im Theater eingeschlafen?" fragte sie. „Ich wünschte, ich könnte glauben, daß es nur an den Tänzern lag. Sie hätten sich nicht an ‚Le Spectre' heranwagen sollen. Der Solist war wirklich überfordert."

„In Western schlafe ich nie ein!" versicherte Jenny gähnend auf dem Weg zur Garderobe, wo sie ihre Mäntel abholten.

„Es war toll! Einfach sagenhaft", sagte Cindy, als sie durch die ruhigen, dunkleren Vororte nach Hause fuhren. „Vielen Dank, Mrs. Pilgrim, daß Sie mich mitgenommen haben. Ich werde es nie, nie vergessen!" Ihr Gesicht glühte immer noch.

„Ich wünschte, ich könnte dich ins Covent Garden mitnehmen", seufzte Mrs. Pilgrim. „Zu meiner Zeit habe ich dort alle großen Ballettänzer gesehen – einschließlich der Ivory."

„Ivory!" wiederholte Cindy. „Was für ein hübscher Name!"

„Ja, Elizabeth Ivory war in vielerlei Hinsicht die Größte von allen", meinte Jennys Mutter.

„Du findest viel über sie in Ballettbüchern. Ich meine natürlich nicht die Geschichten, die du liest, sondern Bücher über die Geschichte des Balletts. Ihre ‚Giselle' war unvergeßlich, und sie hat viele neue Rollen geschaffen. So, da sind wir. Ich glaube, deine Großmutter wartet schon auf dich. Gute Nacht, Cindy."

„Gute Nacht!" rief Cindy und rannte den Weg zur Haustür hinauf. Als sie gerade auf die Klingel drükken wollte, ging das Licht an, und eine Minute später saß sie schon am Kamin, trank heißen Kakao und war auf einmal sprachlos.

„Ich nehme an, daß du dich gelangweilt hast", sagte Mrs. Chester so, als hoffe sie, daß es tatsächlich so wäre.

„Aber keine Spur“, schüttelte Cindy heftig den Kopf. „Es war – ich habe noch nie vorher so etwas gesehen.“

„Du siehst ganz erschöpft aus“, meinte ihre Großmutter besorgt. „Ich glaube, es war keine gute Idee, dich fortzulassen. Geh schnell ins Bett, und schlaf dich richtig aus.“

Als Cindy später im Bett lag, überlegte sie sich, daß sie sorgfältig den richtigen Zeitpunkt auswählen müßte, um ihre Großmutter umzustimmen. Aber es mußte bald geschehen. Nichts, aber auch gar nichts sollte sie jetzt noch davon abhalten, Unterricht an der Selswick-Schule zu nehmen.

„Nur zum Vergnügen“

Den ganzen nächsten Tag grübelte Cindy über ihrem Problem. Am Abend, als alle drei zusammensaßen, schien endlich der richtige Zeitpunkt gekommen zu sein, und sie nahm all ihren Mut zusammen. Sie gab sich einen Ruck und fragte:

„Oma, habe ich eigentlich eigenes Geld?“

Ihre Oma hörte sofort auf zu stricken, und ihr Opa ließ seine Tageszeitung sinken. Ihre erstaunten Gesichter verwirrten Cindy, aber sie fuhr tapfer fort:

„Hab’ ich Geld? Oder müßt ihr alles für mich von eurem eigenen Geld bezahlen?“

Mrs. Chester setzte ihre Strickarbeit fort und sagte ruhig:

„Was für eine merkwürdige Frage, Cindy! Aber ja, du hast sogar ziemlich viel Geld."

„Hat mein Vater es mir hinterlassen?" bohrte ihre Enkelin weiter.

„Ja, er hat dir etwas hinterlassen, und du wirst keine Sorgen haben, wenn du älter bist. Warum fragst du?"

„Kann es denn nicht jetzt schon benutzt werden? Muß ich noch lange warten?" Cindy war jetzt aufgestanden und stand als kleines dünnes Persönchen vor ihren Großeltern und trat von einem Fuß auf den anderen. Jetzt mußte sie bald die entscheidende Frage stellen!

„Natürlich kann es für deine Ausbildung genommen werden", stimmte ihre Oma zu. „Wenn du mit vierzehn kräftig genug bist, werden wir dich ja in ein Internat schicken. Das habe ich dir doch aber alles schon gesagt."

„Ich bin doch kräftig. Ich bin nie krank."

„Ja, das stimmt. Aber warum fragst du dies alles?"

Cindy schaute die beiden einen Moment lang unschlüssig an.

Dann legte sie los:

„Oma, wenn ich nun Geld habe, kann es dann nicht dafür benutzt werden, Ballettunterricht für mich zu bezahlen? Ich möchte sofort damit anfangen. Du hast zwar gesagt, daß ich bis Weihnachten warten müßte, aber ich kann nicht mehr warten. Ich will ja nicht ungezogen sein. Aber –" und plötzlich warf sie alle Zurückhaltung über Bord – „ich möchte so gerne tanzen. Ich muß einfach tanzen! Wenn ihr mir das nicht erlaubt, seid ihr gemein!“

„Bitte beruhige dich wieder, Cindy“, sagte Mrs. Chester beschwichtigend. „Ich finde das sehr ungerecht von dir. Sind wir je gemein zu dir gewesen?“

„Nein“, antwortete Cindy gequält. „Nie. Keiner von euch beiden. Aber ich muß tanzen lernen, wirklich. Davon kann mich nichts abbringen. Ich werde irgendwie einen Weg finden! Opa ...“ Sie sah ihn flehentlich an.

Mr. Chester hatte seine Zeitung längst vergessen. Er sah sehr ernst aus.

„Cindy, geh bitte einen Augenblick hinaus, und laß uns darüber reden. Deine Großmutter hat einen Grund, wenn sie das Tanzen ablehnt. Sie glaubt, daß du genug zu tun hast.“

Traurig verließ Cindy das Zimmer und suchte Zuflucht auf dem Flur, der ziemlich kalt und zugig war. Nach etwa zehn Minuten wurde sie wieder hereingerufen. Alles schien wieder in Ordnung zu sein. Ihr Großvater gab ihr sogar Schokolade. Sie setzte sich aufs Sofa und knabberte an der Schokolade, gespannt, was nun kam.

„Wir haben einen Entschluß gefaßt“, begann ihr Opa. „Wenn es so wichtig für dich ist, mußt du natürlich Tanzunterricht bekommen. Aber wären nicht vielleicht Standardtänze oder Steptanz oder so etwas das richtige? Das ist nicht so anstrengend.“

Cindy fiel ein großer Stein vom Herzen. Dankbar sah sie ihren Großvater an. „Oh, vielen Dank! Aber es muß Ballett sein, bei Madame an der Selswick-Schule! Sie ist wirklich gut. Sie hat früher in der Königlichen Ballettkompanie getanzt, wißt ihr? Und darf ich gleich anfangen, wenn sie mich nimmt? Ich kann wirklich nicht bis nach Weihnachten warten!" Sie schaute von einem zum andern.

„Also gut", willigte ihre Großmutter ein. „Am Montag gleich nach der Schule werde ich mit dir zu dieser Madame gehen."

„Der Anfängerkursus fängt um halb fünf an. Wollen wir nicht schon vorher hinfahren? Wir könnten uns auch den Unterricht ansehen." Cindy war nicht mehr zu bremsen.

„Ich glaube nicht, daß das nötig sein wird", meinte Mrs. Chester. „Ich werde Miß Selswick anrufen und mich mit ihr für zehn nach vier verabreden. Ich kann auch deine Lehrerin bitten, dich zehn Minuten eher gehen zu lassen. Und jetzt reden wir von etwas anderem, du bist ja ganz aufgedreht. Hol doch aus deinem Zimmer das neue Puzzle. Wir können es gemeinsam zusammenlegen."

Cindy wäre zwar lieber vor Freude in die Luft gesprungen, aber sie holte artig das Puzzle und versuchte, die Stücke eines blauen Himmels zusammenzusetzen. In ihrem Kopf schwirrte es.

Sie würde also zur Selswick-Schule gehen!

„Darf ich Jenny anrufen?" fragte sie, als sie das letzte Stück in das Puzzle eingefügt hatte.

„Sie ist vielleicht schon im Bett", meinte Mrs. Chester lächelnd. „Hat das nicht bis morgen Zeit? Du könntest sie nachmittags besuchen."

„Ich möchte es ihr aber lieber jetzt gleich erzählen. Bitte." Cindy spürte, daß ihr heute fast alles erlaubt wurde, rannte zurück auf den Flur, der ihr nun nicht mehr so kalt erschien, und wählte die Nummer der Pilgrims. Jenny war gleich selbst am Telefon und freute sich, als sie die Neuigkeit hörte.

„Toll, Cindy", meinte sie. „Ich wußte ja, daß du es schaffen würdest. Nun ist ja wenigstens eine von uns beiden glücklich." Sie kicherte.

„Ich wünschte, du wärst auch so glücklich", stöhnte Cindy.

„Och, mir geht's ganz gut", meinte Jenny gelassen. „In den nächsten Ferien fahre ich doch wieder auf den Bauernhof. Meiner Mutter wird es auch gefallen, daß du auf die Selswick-Schule gehst. Gestern abend, als wir nach Hause fuhren, sagte sie: ‚Das ist endlich ein Mädchen, das sich wirklich für Ballett interessiert!'"

„Montag gehen wir zusammen zu Madame!" rief Cindy begeistert. Als sie sich später auszog, sang sie die ganze Zeit im Badezimmer laut vor sich hin. Schließlich summte sie die Marzurka aus ‚Les Sylphides' und fing an zu tanzen.

Aber als sie sich im Spiegel sah, mußte sie über ihr Aussehen lachen. Sie sprang mit einem Satz ins Bett.

„Das sieht ja ulkig aus, die ‚Sylphides' im Nachthemd zu tanzen. Ich brauche ein Trikot und Ballettschuhe wie Jenny. Vielleicht später auch ein Tutu."

Noch nie war das Leben so aufregend gewesen.

Als sie am Montag zehn vor vier das Klassenzimmer verließ, war sie ganz zappelig. Der Unterricht schien ewig zu dauern, aber sie hatte sich zusammengerissen und einigermaßen mitgemacht. Wenn sie nämlich ein schlechtes Zeugnis bekam, würde ihre Großmutter bestimmt ihre Meinung über die Ballettstunden ändern – und das wäre fürchterlich. Also hatte Cindy eine annehmbare Karte gezeichnet, französische Verben gelernt und einen Aufsatz über Wilhelm den Eroberer geschrieben. Die ganze Zeit aber kreisten ihre Gedanken um das kommende Gespräch mit Mrs. Selswick.

Mit leicht zitternden Fingern zog sie ihre Straßenkleidung an und war richtig erleichtert, als sie die schick angezogene Erscheinung ihrer Großmutter erblickte, die am Schultor auf sie wartete. Mrs. Chester hatte ihren elegantesten Mantel an – eine Tatsache, die Cindy mit Vergnügen bemerkte. Das bewies doch, daß ihre Oma den Anlaß für sehr wichtig hielt.

Der Bus war nicht sehr voll, und die beiden saßen schweigend nebeneinander: Cindy zu aufgeregt zum Sprechen, ihre Großmutter mit ihren Gedanken offenbar ganz weit weg. Als sie an der Haltestelle ausstiegen, zeigte Cindy ihrer Oma den Weg zur Selswick-Schule, denn sie hatte gebeichtet, daß sie mit Jenny schon mal dagewesen war. Endlich standen sie vor der Ballettschule.

Der Portier blickte durch ein kleines Guckloch in der Schultür, und als er hörte, daß Mrs. Chester eine Verabredung mit Miß Selswick hatte, beschrieb er ihnen den Weg zum Büro. Es war leicht zu finden.

Die Tür war nur angelehnt, und drinnen sprach Madame gerade mit einer jungen Frau, die vermutlich ihre Sekretärin war.

„Das ist ja das Mädchen, das neulich mit Jenny Pilgrim hier war!“ sagte sie, nachdem sie Mrs. Chester begrüßt hatte. „Wie heißt du denn?“

Und bevor ihre Großmutter antworten konnte, sagte Cindy zurückhaltend, aber bestimmt: „Lucinda Adamo, Madame.“

„Aber wir nennen sie normalerweise Cindy Adams“, erklärte Mrs. Chester ebenso bestimmt. Madame schaute interessiert, war aber zu taktvoll, weitere Fragen zu stellen.

Sie führte die beiden in ein leeres Studio und bat das Mädchen, ihren Mantel auszuziehen. Dann ließ sie sie ein paar Schritte gehen, wobei sie Cindy sorgfältig beobachtete.

„Sie ist ziemlich dünn“, sagte sie dann, „aber sie sieht gesund aus und hat eine gute Körperhaltung, ich glaube . . .“

„Ich möchte, daß Sie mich recht verstehen“, unterbrach Mrs. Chester sie freundlich. „Cindy soll nur zum Vergnügen Ballettstunden nehmen. Es ist völlig ausgeschlossen, daß sie es je zu ihrem Beruf macht. Es ist nur einfach so, daß sie es lernen möchte. Mein Mann und ich haben uns nach reiflicher Überlegung darauf geeinigt, es ihr eine Zeitlang zu erlauben.“

Miß Selswick blickte von Mrs. Chester zu Cindy hinüber.

„Ja, ich verstehe“, sagte sie dann. „Aber sie wird natürlich schon arbeiten müssen in meinem Unterricht. Alle meine Schüler müssen das, und den meisten macht es sogar Spaß. Selbstverständlich hoffen auch viele, mit dem Tanzen später Karriere zu machen. Cindy kann nach dem Ende der laufenden Kurse anfangen. Sie braucht dazu Trainingsanzüge und Gymnastikschuhe.“ Sie erzählte weitere Einzelheiten; Cindy stand daneben und hüpfte unruhig von einem Bein aufs andere. Am liebsten hätte sie schon an demselben Nachmittag angefangen.

Auf dem Weg nach draußen sagte sie ihrer Oma plötzlich, daß sie glaube, ihren Schal verloren zu haben. Dann rannte sie zurück ins Studio. Miß Selswick kam ihr gerade entgegen und lächelte sie freundlich an.

„Hast du etwas vergessen?“ fragte sie.

„Ich wollte bloß sagen“, sagte Cindy verlegen und schaute die ehemalige Ballettänzerin an, „daß meine Oma es nicht ganz verstanden hat. Ich will nicht nur so zum Spaß tanzen. Ehrlich nicht. Ich wollte Ihnen sagen, daß ich ganz bestimmt hart arbeiten werde, und – und ich möchte auch eine richtige Tänzerin werden. Es macht mir auch nichts aus, wenn ich später nur im ‚corps de ballet‘ bin, solange ich nur tanzen kann. Jenny hat mir erzählt, daß Sie immer sagen, nur eine unter Tausenden wird eine echte Ballerina. Das schreckt mich nicht ab. Ich möchte perfekt tanzen lernen und berühmt werden. Ich werde mein Bestes tun.“ Sie schaute mit großen Augen Miß Selswick an.

„Ja, das glaube ich dir“, sagte die zu ihrem Erstaunen. „Eine unter Tausenden – ja, das sage ich oft, und es ist wirklich so. Na ja, wir werden sehen, Lucinda Adamo. Übrigens, ist das dein richtiger Name?“

„Ja. Mein Vater war Italiener.“

„Daher also die dunklen Haare und dunklen Augen. Er war doch kein Tänzer, oder?“ Die Ballettlehrerin ging mit ihr zur Tür.

„Nein. Er war ein Geschäftsmann aus Mailand.“ Dann sah Cindy ihren Schal auf dem Fußboden, den sie vorhin mit Absicht dort liegengelassen hatte. Sie verabschiedete sich von Madame und rannte davon.

Ihre Großmutter wartete schon ungeduldig in der Eingangshalle der Tanzschule. „Hast du ihn gefunden?“ fragte sie.

Cindy zeigte ihr den Schal und gab dann zu:

„Ich hatte ihn wirklich verloren, Oma, aber ich wollte auch noch mit Madame sprechen. Ich meine das mit dem Ballett wirklich ernst, verstehst du? Es ist nicht nur zum Vergnügen. Ich möchte einmal Tänzerin werden, wenn ich es schaffe.“ Sie gingen durch den Haupteingang auf die Straße.

„Vergiß nicht, daß du auch noch für die Schule arbeiten mußt“, sagte Mrs. Chester endlich nach einer langen Pause. „Und jetzt gehen wir noch in irgendein Café und trinken dort unseren Tee.“

So endete dieser aufregende Nachmittag mit einer gemütlichen Teepause. Cindy aß Cremetörtchen und fühlte sich rundum glücklich und zufrieden. Miß Selswick hatte sie verstanden, und alles lief wie am Schnürchen. In Kürze würde sie anfangen, tanzen zu lernen.

Weihnachtszeit

Endlich kam der Tag, an dem Cindy ihre erste Ballettstunde haben sollte. An diesem Vormittag war sie während des Unterrichts in der Schule wirklich zu nichts zu gebrauchen. Gegen vier Uhr wurde sie vor Aufregung kreideweiß. Wenn ihre Großmutter sie so gesehen hätte, wäre sie mehr denn je davon überzeugt gewesen, daß der Ballettunterricht ihr schadete. Doch zum Glück sah sie Cindy nicht. Nur die Klassenlehrerin war erstaunt und machte eine Bemerkung über Cindys Aussehen.

„Geht es dir nicht gut?“ fragte sie besorgt.

„Oh, doch, mir geht's ganz gut. Danke, Miß Rigby“, antwortete sie verlegen und versuchte sich zu konzentrieren.

„Sie ist bloß aufgeregt“, erklärte die verständnisvolle Jenny der Lehrerin. „Sie fängt doch heute nachmittag mit dem Ballettunterricht an. Bei Madame an der Selswick-Schule, wissen Sie?“

Miß Rigby kannte natürlich Madame und ihre Schule. Normalerweise betrachtete sie die wenigen Tänzer unter ihren Schülerinnen ein bißchen skeptisch. Ballett gehörte zu einer anderen Welt, und die Beschäftigung damit hatte in ihren Augen nur die Folge, daß die Kinder die Schule weniger wichtig nahmen. Aber seit Schuljahrsbeginn war selbst ihr aufgefallen, daß sich Cindy Adams mit einer seltenen Grazie bewegte. Sie hatte auch von Miß MacDonnel gehört, daß Cindy im Tanzunterricht die

Beste war und rasch neue Figuren lernte. Vielleicht war sie ja tatsächlich die geborene Tänzerin. Dann hatte es sowieso keinen Sinn, ihr den Tanzunterricht zu verbieten, auch wenn es nötig gewesen wäre. Die Lehrerin betrachtete das kleine, blasse Gesicht, die dunklen Augen und schwarzen Haare, und lächelte.

„Ich hoffe, daß es dir Spaß macht. Aber ich glaube, du wirst viel üben müssen, oder?"

„Schrecklich viel", mischte Jenny sich ein und schnitt eine Grimasse. „Aber ihr macht das nichts aus. Sie findet es sogar toll, stundenlang an der Stange zu stehen und die richtige Haltung zu üben oder eine kleine Fußbewegung immer wieder zu machen. Ich jedenfalls stehe immer falsch, Miß Rigby, auch wenn Madame manchmal das Gegenteil behauptet. Entweder drücke ich meinen Rücken zu sehr durch, und mein Po steht raus, oder ich strecke meinen Bauch raus, und alles andere kommt in die falsche Position. Ich bin ein hoffnungsloser Fall, aber Cindy bestimmt nicht."

„Ja, das scheint mir auch so", lachte Miß Rigby und beendete die Stunde.

Die beiden Mädchen zogen sich um und rannten zur Bushaltestelle. Jenny hatte es zwar nicht so eilig, aber Cindy wollte unbedingt früh in der Selswick-Schule sein. Nicht, daß sie etwa schon an der Stange üben konnte, bevor Madame kam, aber sie mußte einfach dasein.

In der Schule zog sie sich hastig ihren Gymnastikanzug an und band ihr Haar mit einem roten Band zusammen. Ungeduldig wartete sie auf Jenny, die noch mit ein paar anderen Mädchen schwatzte.

Es schienen noch zwei oder drei andere Neue dazusein, und Cindy betrachtete sie neugierig. Die eine war ein hübsches Mädchen, etwa so alt wie sie selbst.

„Der Arzt sagt, ich muß Ballett lernen", erklärte sie auf irgendeine Frage. „Er meint, daß es gut gegen meine X-Beine ist. Ich hoffe, Madame ist nicht zu streng zu mir."

Die andere war zwei Jahre älter als Cindy und gab furchtbar damit an, daß sie schon in Manchester Ballettunterricht gehabt hatte.

Sie gingen alle gemeinsam die Treppe hoch. Cindy war schweigsam, denn sie genoß es richtig, endlich dazuzugehören. Jetzt war sie nicht mehr ein Außenseiter in einem dicken Mantel und schweren Straßenschuhen, sondern eine angehende Tänzerin in einem Trikot und mit Ballettschuhen an den Füßen.

Sie vergaß auch nie die Genugtuung dieser ersten Ballettstunde, obwohl sie aus nicht mehr bestand, als an der Stange zu stehen und ein paar Fachausdrücke zu lernen. Die Begriffe waren alle französisch, das hatte Cindy schon bei ihrem ersten Besuch von Madames Unterricht bemerkt. Mehrere der besseren Anfänger hatten diesen Kurs schon verlassen, nur Jenny war natürlich immer noch dabei, und ihre Grundposition hatte sich tatsächlich immer noch nicht verbessert.

Madame stand neben ihr und zeigte ihr geduldig immer wieder die richtige Haltung. Dabei sagte sie: „Keiner wird es weit bringen, der nicht die richtige

Haltung gelernt hat. Jenny, du streckst immer noch deinen Po raus, mein Kind."

Cindy achtete nur auf Madames Worte und ihre eigenen Bewegungen, die Stange unter ihren Händen. Sie war wunschlos glücklich.

Am Ende des Unterrichts legte die Lehrerin ihre Arme um Cindys Schultern.

„Das war der Anfang, Cindy", sagte sie freundlich. „Du stehst schon sehr gut, aber von heute an mußt du regelmäßig üben. Sogar die besten Tänzer und die größten Ballerinen machen die Grundübungen an der Stange konsequent jeden Tag in ihrem Tänzerleben."

„Ja, Madame, ich werde es mir merken", nickte die neue Schülerin eifrig. Nach dem ersten Unterricht hatte Cindy ein komisches Gefühl im Magen: eine Mischung aus Freude und Entschlossenheit. Nachdem sie sich umgezogen hatte, ging sie nach Hause, um Tee zu trinken und ihre Hausaufgaben zu machen.

Mrs. Pilgrim hatte in der Hoffnung, Jenny zum Erfolg anzuspornen, in ihrem Haus einen Trainingsraum eingerichtet. Es war nur ein kleines Zimmer, in dem sich nicht viel mehr befand als eine Stange und ein Plattenspieler. Jenny betrachtete es als notwendiges Übel, so wie etwa Hausaufgaben, aber Cindy war dankbar, es mit benutzen zu dürfen. Jeden Nachmittag, an dem kein Ballettunterricht stattfand, ging sie nun mit zu Jenny, und gemeinsam machten sie ihre Übungen und hörten sich Ballettmusik an. Jenny fand die Musik ziemlich langweilig und ließ sie dabei oft allein. Aber Cindy konnte nie genug bekommen von der Musik von „Les Sylphides“, „Giselle“ und vielen anderen Stücken, die sie nie gesehen hatte und sich kaum vorstellen konnte.

So vergingen die Wochen, und Weihnachten stand vor der Tür. In der Schule war Cindy sehr fleißig gewesen, und die meisten Fächer machten ihr Spaß. Sie entwickelte sich allmählich zu einer eigenen Persönlichkeit und kam mit fast allen Mädchen gut aus, auch wenn es zwei oder drei gab, die ihre Zurückhaltung übelnahmen und sie für eingebildet hielten. Jenny war und blieb aber immer noch ihre beste Freundin, und die beiden verstanden sich ausgezeichnet, obwohl sich bald herausstellte, daß Cindy echtes Talent fürs Ballett hatte. Aber Jenny war viel zu offenherzig und intelligent, um sich darüber zu ärgern, daß ihre Freundin schon Fortschritte machte, während sie selbst die einfachsten Sachen schwierig fand.

„Madame weiß, daß ich eigentlich gar keine Lust dazu habe“, sagte sie eines Tages traurig auf dem Heimweg. Der Dezemberwind war so stark, daß sie sich richtig dagegen stemmen mußten. „Ich wünschte, sie würde Mutti endlich klarmachen, daß es keinen Zweck hat.“

Cindy freute sich schon sehr auf Weihnachten. Es sollte ein Schulfest stattfinden, und sie hatte auch schon Einladungen zu verschiedenen Partys bekommen. Jenny wollte zwei Tage nach Weihnachten eine geben, und es wurden noch mindestens ein halbes Dutzend während der Schulferien gefeiert.

Aber das Spannendste war der Gedanke an die Weihnachtsfeier in der Selswick-Schule. Sie war für den 23. Dezember geplant, und im Mittelpunkt stand ein Ballett, das Madame zusammen mit einem ihrer Assistenten, Monsieur Fiendé, ausgearbeitet hatte: „Schneewittchen und die sieben Zwerge“.

Viele der Ballettschüler konnten dabei mitmachen, auch wenn einige Rollen nur sehr klein waren. Schneewittchen sollte von einem zwölfjährigen Mädchen namens Shirley Merrin gespielt werden, die schon sehr gut tanzen konnte. Die Rolle der Königin ging natürlich an eine der Starschülerinnen: ein dunkelhaariges, hübsches Mädchen von fünfzehn Jahren. Sogar Jenny hatte eine kleine Rolle als Kaninchen, und nur Cindy konnte nicht mitspielen, weil sie erst so spät angefangen hatte. Aber das machte ihr überhaupt nichts aus – es würde ja schließlich noch andere Aufführungen geben. Sicherlich hatte sie nächstes Jahr bei der großen Sommershow die Chance, einmal vor Publikum zu tanzen. Im Moment war sie restlos damit zufrieden, Mitglied der Schule zu sein und beim Verkauf von Programmheften zu helfen oder Leuten ihre Sitzplätze anzuweisen.

Sie hatte schon gefürchtet, daß ihre Großmutter nicht zur Vorstellung kommen würde, denn sie zeigte nach wie vor jedesmal eine mißbilligende Haltung, wenn Cindy übers Tanzen sprach. Aber dann kaufte sie tatsächlich eine Eintrittskarte und schien fest entschlossen, auch zu dem Fest zu erscheinen.

Und schließlich bekam Cindy doch noch eine kleine Rolle in „Schneewittchen“, denn eine der Zofen der Königin war in der letzten Minute noch an Grippe erkrankt. Deren Kleid, das glücklicherweise noch in der Selswick-Schule lag, paßte ihr ganz gut, und sie sah richtig hübsch darin aus. Bei ihrem Auftritt mußte sie zwar nur wenige Schritte tanzen, aber es machte ihr Spaß, zum Ballett zu gehören.

Als sie sich am Tag der Aufführung zurechtmachte, waren alle aufgeregt.

„Das sieht viel romantischer aus als mein idiotisches Kaninchenkostüm", sagte Jenny bewundernd, die zusah, wie Cindy in einem weißen langen Kleid ihre Haare hochsteckte.

„Ich dachte, du magst alles, was mit dem Landleben zu tun hat", kicherte ihre Freundin.

„Tu' ich auch. Es paßt eben besser zu mir als alles andere. Und als Zwerg auf der Bühne herumzulaufen ... nein, danke." Aber ein bißchen traurig war Jenny doch, daß sie so ungelenk und überhaupt eine der schlechtesten Schülerinnen der Ballettschule war.

Doch bald dachte sie nicht mehr daran, denn die Aufführung wurde ein großer Erfolg. Die meisten Schüler sahen in ihren Kostümen hübsch aus, die Musik war fröhlich, und es gab viele gute Tänzer an der Selswick-Schule, auch wenn Madame wußte, daß nur wenige von ihnen eine Zukunft hatten.

Cindy war so gefesselt, daß sie fast alles andere um sich herum vergaß. Sie hatte zum ersten Mal erlebt, was es hieß, für die Bühne geschminkt zu werden und vor Publikum aufzutreten, auch wenn es bloß in einem kleinen Theater im Erdgeschoß der Selswick-Schule passierte.

Mrs. Chester hatte in der dritten Reihe gesessen und verlor kein Wort über das Ballett. Sie sagte Cindy nur, daß sie sehr hübsch ausgesehen habe.

„Ich hoffe, daß du in den Ferien nicht zuviel Zeit beim Training verbringst“, meinte sie auf dem Heimweg. „Was du dringend brauchst, ist Erholung und Spaß.“

„Aber Tanzen macht Spaß!“ erwiderte ihre Enkelin, die in Gedanken immer noch in einer Welt von Palästen, Wäldern und Musik lebte, die ihr inzwischen so vertraut geworden war. Sie würde die Probenzeit richtig vermissen.

Am nächsten Tag kam Jenny zu Besuch in die Beechstraße. Sie war bester Laune. Aufgekratzt rannte sie die Treppe hoch in Cindys Zimmer. „Hey! Du wirst es nicht glauben!“

„Was denn?“ wollte Cindy wissen, als sie mit ihr die Weihnachtskarten und ersten Geschenke anschaute.

„Madame hat gestern abend mit meiner Mutter gesprochen. Nun ist Mutti endlich davon überzeugt, daß ich zum Tanzen kein Talent habe. Ich glaube nicht, daß ich noch mal zur Selswick-Schule gehen werde“, platzte Jenny heraus.

Cindy schaute ihre Freundin bestürzt an.

„Aber du mußt!“ stieß sie hervor. „Ich werde dich schrecklich vermissen, und ...“

Jenny ließ sich einfach aufs Bett plumpsen.

„Ach, Unsinn“, sagte sie. „Du fühlst dich da doch jetzt schon wie zu Hause und wirst auch ohne mich zurechtkommen. Und wir werden uns doch sowieso täglich sehen. Du kannst auch weiter bei uns zu Hause üben. Ach, ich bin so froh, daß ich endlich nicht mehr darüber nachdenken muß, wie ich meinen Körper richtig halte. Und die fürchterlichen Positionen brauche ich auch nicht mehr zu trainieren. Jetzt kann ich wieder locker und einfach ich selbst sein!"

Cindy war zwar immer noch einigermaßen entsetzt, doch Jenny hatte natürlich recht. Die Neuigkeit verdarb ihr also das Weihnachtsfest nicht völlig, aber ein ganz kleines bißchen traurig blieb sie doch die nächsten Tage. Mit Jenny war eben alles noch lustiger gewesen.

Doch es dauerte nicht lange, da hatte sie sich schon mit einem zehnjährigen Mädchen namens Joy Kelly angefreundet. Und mit Mark Playford, der mit seinen neun Jahren schon sehr gut tanzte, verstand sie sich prima. Um die anderen kümmerte sie sich allerdings nicht besonders. Das blonde Mädchen, das sie gleich in der ersten Stunde für eingebildet gehalten hatte, mochte sie überhaupt nicht, denn es hielt sich für eine große Tänzerin und konnte keine Kritik vertragen. Daphne war leider auch eine von den vielen Schülerinnen, die davon überzeugt waren, daß sie eine große Karriere vor sich hatten. Ob Miß Selswick derselben Meinung war, konnte man schwer sagen, denn bei Anfängerinnen hielt sie sich mit derartigen Äußerungen zurück. Daphne hatte ja noch Jahre intensiver und harter Arbeit vor sich, und es war viel zu früh, um ein endgültiges Urteil zu fällen.

Aus irgendwelchen Gründen schien Daphne von Anfang an auf Cindy eifersüchtig zu sein. Manchmal wurde sie richtig giftig und sagte gemeine Dinge zu ihr. Damit erreichte sie überhaupt nichts, denn Cindy ließ sich nicht aus der Ruhe bringen. Daphne schadete nur sich selbst, denn sie war natürlich überhaupt nicht beliebt – ihre eigene Schuld.

Die Weihnachtszeit wurde für Cindy noch sehr schön. Die Sonne schien richtig warm, und erst Silvester wurde es frostig. Als ihre Großeltern mit ihr von der alljährlichen Pantomimevorstellung nach Hause kamen, schien der Vollmond.

Es war schön gewesen, wieder im Grandtheater zu sitzen, aber verglichen mit dem Zauber ihres ersten Ballettbesuches, fand Cindy die Pantomime ziemlich enttäuschend. Für ihren Geschmack war das Stück zu albern gewesen, und es hatte darin zu wenig Tanzszenen gegeben. Aber es machte ihr Spaß, die paar älteren Mädchen unter den Darstellern zu beobachten, die sie vom Sehen her kannte. Mehrere Schüler der Selswick-Schule hatten nämlich kurze Engagements beim Theater bekommen, und Cindy beneidete sie um ihre Erfahrungen mit den kleinen, zugigen Umkleideräumen und die Aufregung bei dem Aufruf: „Die ersten auf die Bühne, bitte!"

Nur Jenny, die auch mitgekommen war, gefielen die komischen Einlagen sehr gut. Aber sie machte ziemlich abwertende Bemerkungen über die tänzerische Leistung, die wirklich ziemlich schlecht war. Damit erntete sie gleich mißbilligende Blicke von Mrs. Chester. Sie schien zu glauben, daß kleine

Mädchen von zehn Jahren ihre Meinung nicht in die Welt hinausposaunen sollten.

Dann gingen die Ferien in Windeseile vorbei: mit Partys, Schlittschuhlaufen im Park und einem Ausflug auf den Bauernhof von Jennys Onkel zusammen mit den Pilgrims. Die beiden Mädchen tobten über den Hof, machten endlose Streifzüge durch die weißverschneiten Felder und alberten ausgelassen im Schnee herum. Oft gingen sie in die Ställe und schauten sich die Kühe und Schweine an. Am liebsten stieg Cindy auf eine wackelige Leiter und von dort auf das hoch aufgetürmte Heu. Aber im Gegensatz zu Jenny fühlte sie sich nicht so sehr hingezogen zum Leben auf dem Land, den Tieren und dem Geruch von Stroh, zu Schlamm und Kälte und scheppernden Eimern.

Sie dachte statt dessen schon wieder an das kommende Halbjahr in der Elleray- und der Selswick-Schule und übte nach wie vor jeden Tag fleißig an der Stange im Haus von Jennys Eltern. Danach lagen die beiden Freundinnen meistens ausgestreckt auf dem Teppich und beredeten alles mögliche.

An dem Morgen, als sie wieder zur Schule mußten, lag tiefer Schnee. Zur großen Erleichterung von Cindy wurde das Wetter dann besser, denn sie hatte schon Angst gehabt, ihre Großmutter würde sie bei schlechtem Wetter nicht zum Ballettunterricht gehen lassen.

Schon tagelang vorher freute sie sich auf die erste Stunde nach den Ferien. Es war wunderbar, das Gebäude wieder zu betreten, dem alten Portier Hobbs zuzulächeln und die Treppen in die dunklen und ziemlich stickigen Umkleideräume hinunterzusausen, wo die anderen sich gegenseitig berichteten, was sie in den Ferien erlebt hatten.

In dem großen, hellen Studio wieder an der Stange zu stehen war, wie zu Hause zu sein. Cindy liebte nichts so sehr wie dieses Training und nahm es sehr ernst. Allmählich gelangen ihr alle Grundpositionen. Sie spürte, daß sie im Laufe der Wochen ihren Körper mit immer größerer Leichtigkeit beherrschte.

„Das Feenkind“

Cindys ernsthaftes Trainieren hatte aber auch andere Folgen: Ihr Tagesplan war randvoll – zu voll, wie ihre Großmutter oft sagte. Aber außer einer Erkältung im Februar, die sie eine endlose Woche zu Hause festhielt, ging es ihr dabei ausgezeichnet. Sie war nicht mehr ganz so dünn wie früher und hatte eine ausgezeichnete Haltung bekommen. Mit ganzer Kraft konzentrierte sie sich auf den Ballettunterricht. Miß Selswick förderte sie besonders, denn sie hatte längst bemerkt, daß Cindy echte Begabung besaß. Doch sie sparte nicht mit Kritik. Aber wenn harte Worte fielen, hatte Cindy sie auch verdient. Das Ergebnis war jedesmal, daß sie noch intensiver trainierte. Auch Joy Kelly und Daphne Daniety arbeiteten hart. Schon nach wenigen Monaten war zwischen Daphne und Cindy eine Rivalität entstanden. Das

Ganze ging jedoch von Daphne aus, die eifersüchtig Cindys Leistungen verfolgte und richtig schadenfroh war, wenn der anderen einmal ein Patzer passierte.

Ostern ging vorbei, und in den Außenbezirken der Stadt blühten schon bunte Frühlingsblumen. Die Bäume wurden jeden Tag grüner, und einige Schülerinnen der Elleray-Schule tauchten in den grünen Kleidern auf, die zur Sommeruniform gehörten. Die Mitglieder der Ballettschule begannen, Pläne für das Sommerfest zu schmieden. In den nächsten Wochen wurde die Aufregung an der Selswick-Schule immer größer.

Die zwölf- und dreizehnjährigen Schüler des Fortgeschrittenenkurses begannen mit den Proben für das Stück „Ein verrückter Sommer". Für die Jüngeren hatten Miß Selswick und Monsieur Fiendé selbst ein Ballett komponiert. Es hieß „Das Feenkind" und war ein Märchen. Der Inhalt war nicht schwer zu erzählen:

Einer Familie, die im Wald lebt, wird die blonde Tochter Selina von Feen entführt, und an ihrer Stelle lassen die Geister eins von ihren Kindern da.

Doch das Feenkind ist ganz anders, dunkelhaarig mit dunklen Augen, wild und voller Schabernack. Alle wollen ihre Selina wiederhaben. Das Ballett endet damit, daß ein kleiner Prinz Selina befreit und zu ihren Eltern bringt. Gleichzeitig kehrt auch das Feenkind wieder zu seiner Familie zurück.

Cindy konnte sich das Stück sofort vorstellen, vor allem die Szenen mit dem Feenkind.

Als die Listen vorgelesen wurden, auf denen

stand, wer welche Rolle spielen sollte, war es eine große Überraschung für Cindy, als ihr Name fiel.

„Ich?“ rief sie fassungslos. „Ich soll das Feenkind sein? Oh, Madame!“

Miß Selswick lächelte sie freundlich an und sagte: „Wir glauben, daß du schon genug kannst für diese Rolle, und außerdem paßt sie sehr gut zu dir. Du wirst ein hellrotes Kostüm bekommen und deine Haare offen tragen. Aber vergiß nicht, daß es eine Menge harter Arbeit bedeutet.“ Cindy nickte glücklich.

Daphne hatte schon finstere Blicke um sich geworfen, war aber schnell besänftigt, als sie hörte, daß sie die Rolle der Selina übernehmen sollte. Joy spielte eine der Schwestern und war darüber überglücklich. Für die Rolle des kleinen Prinzen hatte Madame Mark Playford vorgesehen.

„Ich verstehe bloß nicht, warum ausgerechnet du die Titelrolle spielst!“ bemerkte Daphne spitz, als alle in die Umkleideräume strömten. „Du bist doch erst im Oktober dazugekommen.“

„Du hättest die Rolle ja gar nicht spielen können“, erwiderte Joy. „Oder du hättest dir die Haare färben müssen. Und überhaupt – ich weiß gar nicht, was du willst. Du hast doch eine gute Rolle. Außerdem tanzt Cindy phantastisch. Ich begreife gar nicht, wie sie das macht.“ Damit war der Fall erledigt.

Die einzelnen Tanzfiguren für das Ballett waren ziemlich einfach, und Cindy fand, daß es darin nichts gab, was sie nicht schaffen könnte, wenn sie nur regelmäßig nach der Schule übte.

Sie fühlte sich wie im siebten Himmel. Lange Zeit konnte sie es gar nicht fassen, daß sie die Hauptrolle bekommen hatte. Das einzige, was sie bedrückte, war die Zurückhaltung ihrer Großmutter gegenüber der Aufführung. Ihr Großvater reagierte ganz anders: Als er die Neuigkeit hörte, gab er ihr einen Kuß und gratulierte ihr herzlich.

Ihre Oma aber sagte nur:

„Bitte vergiß die Schule nicht, Cindy." Und zu deren Ärger fügte sie noch hinzu: „Manchmal glaube ich, daß es mit der Tanzerei schon zu weit geht. Du denkst ja an nichts anderes mehr. Das ist nicht gut für dich." Sie schaute ihre Enkelin ernst an.

„Aber ich muß immer daran denken", beharrte Cindy und machte eine Pirouette. „Ich möchte schließlich Tänzerin werden, Oma." Aber im gleichen Moment wünschte sie, sie hätte es nicht gesagt; denn ihre Großmutter bekam wieder diesen verschlossenen Gesichtsausdruck und verließ augenblicklich das Wohnzimmer. Es war immer dasselbe.

Um Cindy für ihre harte Arbeit in der Schule und das anstrengende Training zu entschädigen, machte Mrs. Chester häufiger Ausflüge mit ihr als gewöhnlich. In den Ferien fuhren sie über ein verlängertes Wochenende an die Südküste, und Cindy genoß es, am Strand entlangzurennen und sich vom Wind richtig durchblasen zu lassen. Aber sie war auch froh, nach diesen Tagen wieder zu Hause zu sein und die Proben für das Feenkind fortsetzen zu können. Allmählich nahm das Stück nämlich Gestalt an.

Sie konnte die Musik inzwischen auswendig, und

alle Szenen waren schon einmal geprobt worden. Cindy identifizierte sich richtig mit ihrer Rolle – sie war das Feenkind. Wie selbstverständlich versetzte sie sich ganz und gar in die Lage des frechen dunkelhaarigen Mädchens. Madame lobte sie eines Tages, daß sie ein starkes dramatisches Gespür und die Anlagen zu einer wirklich guten Tänzerin besäße. Darüber hätte sie vor Freude in die Luft springen können. Aber es gab auch Tage, an denen es nicht so gut lief. Dann triumphierte die eifersüchtige Daphne, und Cindy nahm sich fest vor, es bei der nächsten Probe besser zu machen.

Vorsichtshalber gab es für Cindy auch eine Ersatzspielerin: ein etwas schüchternes Mädchen, das Cherry hieß. Aber es sah nicht so aus, als ob Cherry die Rolle übernehmen würde. Offensichtlich machte es ihr auch gar nichts aus, denn sie spielte außerdem eine der Feen und war nicht besonders ehrgeizig.

Cindys Kostüm hatte Madame eigenhändig entworfen und dann bei einem Schneider in der Stadt in Auftrag gegeben. Ein Teil der anderen Kleider wurde aus dem Fundus der Selswick-Schule genommen, und was sonst noch neu anzufertigen war, hatten die Mütter der jeweiligen Darstellerinnen übernommen. Die Aufregung wuchs langsam, und alle warteten gespannt auf die erste Kostümprobe.

Die ganze Zeit über war Jenny mit der Selswick-Schule in Kontakt geblieben: Einerseits berichtete ihr Cindy alles haargenau, was dort passierte, und andererseits hatte sie auch manchmal beim Ballettunterricht zugeschaut. Sie war ungeheuer stolz auf ihre Freundin, freute sich über die Fortschritte, die Cindy machte, und wußte über die Eifersüchteleien und kleinen Triumphe, die sich in der Tanzschule abspielten, bestens Bescheid.

Es war bereits Juli geworden, und alles stöhnte vor Hitze. Eines Tages lagen Jenny und Cindy draußen auf dem Rasen und ließen sich von der Sonne braten.

„Ich komme bestimmt zu eurer Vorstellung", sagte Jenny. „Also besorg mir schon mal 'ne Karte. Meine Mutter kommt auch. Sie scheint sich inzwischen übrigens damit abgefunden zu haben, daß sie keine Ballettänzerin zur Tochter hat. Aber sie will dich unbedingt tanzen sehen. Es ist ja schließlich deine erste große Rolle. Ich bin sicher, daß es ein Erfolg für dich wird." Sie rollte sich auf den Bauch und stützte sich auf die Ellenbogen.

„Na ja, wir sollen uns bloß nicht so viel darauf einbilden, sagt Madame", meinte Cindy vorsichtig. „Du kennst ja ihre Meinung. Sie will nicht, daß gleich alle Eltern denken, sie haben Stars als Kinder. Sie läßt es uns täglich spüren, daß wir noch meilenweit davon entfernt sind."

„Das sieht Madame ähnlich!" kommentierte Jenny, während sie auf einem Grashalm kaute. „Egal, was sie sagt, ich werde dich jedenfalls so lange wie möglich beklatschen und laut Bravo schreien."

Die nächsten Tage waren so vollgepackt, daß sie rasend schnell vorbeigingen. Trotzdem schien der 22. Juli nicht näher zu rücken.

Die erste Kostümprobe lief ganz gut, und Cindy und Daphne wurden von Miß Selswick gelobt. Strahlend vor Freude verließ Cindy den Probenraum und zog sich um. Morgen war es soweit! Aber auf dem Heimweg stellte sie mit Schrecken fest, daß sie sich irgendwie komisch fühlte. Der Bürgersteig schien zu schwanken. Vielleicht hatte sie sich bei der Probe etwas verausgabt. Sie riß sich zusammen und marschierte energisch nach Hause. Aber als sie abends ins Bett ging, fühlte sie sich richtig krank, ihr Hals war ziemlich angeschwollen und tat fürchterlich weh. „Nur nicht krank werden!“ war ihr einziger Gedanke. Sie fiel in einen unruhigen Schlaf und wachte in der Nacht mehrfach auf.

Am nächsten Morgen war alles noch viel schlimmer. Als sie in den Spiegel schaute, hätte sie vor Schreck fast aufgeschrien, denn ihr Gesicht und ihr Hals waren furchtbar geschwollen. Sie sah einfach erbärmlich aus, und so fühlte sie sich auch.

Trotzdem wusch sie sich, zog sich an und ging zum Frühstück hinunter. Krampfhaft versuchte sie sich aufrecht zu halten.

Ihre Großmutter warf ihr nur einen einzigen Blick zu und rief ärgerlich:

„Um Himmels willen, Cindy! Warum hast du mich denn nicht gerufen? Sofort ab ins Bett! Ich werde den Arzt holen. Ich fürchte, du hast dich mit Mumps angesteckt.“

Cindy hielt sich an der Stuhllehne fest und sagte mit zitternder Stimme: „Oma, ich darf nicht krank sein! Heute abend ist doch die Aufführung. Ich muß hingehen!“ Sie sah sie verzweifelt an.

„Schatz, da kann man nichts machen“, sagte ihre

Oma mit weicher Stimme. „Ab mit dir, Cindy. Mrs. Tring wird dir eine Wärmflasche machen. Ich glaube, du hast hohes Fieber. Meine Güte, wir wollten doch nächste Woche nach Wales fahren!" Sie eilte zum Telefon.

Cindy ging langsam die Treppe hinauf. Auch wenn ihr zum Heulen zumute war, war sie doch insgeheim froh, sich wieder hinlegen zu können. Schließlich kam der Arzt, ein sehr netter, jüngerer Mann, und bestätigte, daß sie Mumps hatte. Er gab ihr ein Medikament und verordnete eine mehrtägige Bettruhe.

„Das mit der Aufführung heute abend tut mir leid", sagte er freundlich. „Aber so was passiert nun mal im Leben – leider. Du mußt einfach darüber lachen, auch wenn das die nächsten Tage ziemlich weh tun wird!"

Cindy brachte nur ein klägliches Lächeln zustande. Als ihre Oma und der Arzt das Zimmer verlassen hatten, ließ sie ihren Tränen freien Lauf. Nach einer Weile putzte sie sich die Nase und schlief ein. So verging der Tag. Cindy schluckte brav ihre Medizin, aß einen Teller Suppe und schlief immer wieder ein paar Stunden. Manchmal klingelte unten das Telefon, und einmal kam ihre Oma zu ihr ins Zimmer und brachte einen Brief von Jenny und eine Riesentafel Schokolade.

„Jenny scheint sich Sorgen zu machen", lächelte sie. „Da hast du wirklich eine treue Freundin, Cindy. Sie sagt, sie hatte schon Mumps, und sie kommt dich besuchen. Aber ich habe ihr geraten, noch ein paar Tage zu warten. Noch geht es dir zu schlecht."

„Aber Madame – was hat Madame gesagt?" krächzte Cindy.

„Es tut ihr schrecklich leid, und sie hofft, daß es dir bald bessergeht. Ein Mädchen namens Cherry soll deine Rolle übernehmen. Heute nachmittag wird eine Extraprobe stattfinden, wenn sie alle Tänzer zusammenbekommt."

Einigermaßen beruhigt sank Cindy in ihre Kissen zurück. Den ganzen Abend war sie sehr unglücklich und stellte sich immer wieder die Szene in der Selswick-Schule vor, wo jetzt Cherry ihr rotes Kleid trug, das sie nach der letzten Probe in der Schule gelassen hatte. Es war ihre erste große Enttäuschung – und die sollte sie nie mehr vergessen.

Aber am nächsten Morgen kam ein tröstender Brief von Madame, zusammen mit einem schönen Blumenstrauß. Die Aufführung war ein Erfolg gewesen, und Cherry hatte sich im großen und ganzen gut geschlagen.

Nach vier Tagen war Cindy in der Lage, sich mit ihrem Pech abzufinden. Aber es war eine schlimme Zeit für sie, und sie war froh, als Jenny sie endlich besuchen durfte und sie auf andere Gedanken brachte. Denn niemand blieb lange traurig, wenn Jenny da war.

Cindys Triumph

Als Cindy die Infektion endlich überstanden hatte und das Haus wieder verlassen durfte, waren fast alle ihre Freundinnen schon in den Ferien. Auch Jenny war schon auf dem Bauernhof ihres Onkels und wartete dort auf sie. Aber erst einmal fuhren Cindy und ihre Großeltern für zwei Wochen nach Wales. Es war eine schrecklich lange Autofahrt, und die Sonne ging bereits unter, als sie über die Halbinsel Lleyn auf das Dorf Porth-din-Lleyn zu fuhren. Die Gipfel des Mount Snowdon lagen hinter ihnen, und sie befanden sich mitten in grünen Feldern, die von „Hekken" aus Stein abgeteilt wurden. Vereinzelt standen kleine, weißgekalkte Bauernhäuser. Das Meer war für lange Zeit nicht zu sehen.

Cindy saß müde auf dem Rücksitz und betrachtete die Landschaft. Sie machte immer noch keinen besonders frohen Eindruck. Das Pech mit ihrer Krankheit hatte sie nicht leicht verarbeiten können, die verpaßte Chance, bei einer Aufführung die Hauptrolle zu tanzen, hatte sie irgendwie ein bißchen mutlos gemacht. Und im Moment war ihr alles egal – auch, wann sie endlich an ihrem Ferienort ankamen.

Sie bogen in eine enge, kurvige Landstraße ein, die über einen Golfplatz führte. Plötzlich lag das Meer direkt vor ihnen. Eine kleine, felsige Bucht öffnete sich ihrem Blick. Große Wellen brachen sich in weißem Schaum auf dem winzigen Strand. Unerwartet fuhren sie dann durch einen tiefen Einschnitt im

Kliff. Cindy hatte gerade noch Zeit zu rufen: „Hier kann doch nirgendwo ein Dorf sein!“, da waren sie schon am Strand und konnten Porth-din-Lleyn sehen.

Das winzige, abgelegene Dorf am Strand war wunderhübsch: die Türen der Häuser öffneten sich alle zum Strand, der kleine Hafen wurde von den hohen Kliffen der Landspitze überragt, und die untergehende Sonne färbte das Wasser rot. Es war ein traumhafter Ort, weit weg von der übrigen Welt. Als Cindy in dem kleinen Zimmer mit Blick auf den Hafen in ihr Bett kroch, wußte sie, daß es ihr hier gefallen würde.

Am nächsten Morgen war sie schon früh auf und machte einen Spaziergang, bevor sich ihre Großeltern überhaupt gerührt hatten. Von den kleinen Steinhäusern stieg Rauch auf, und ein grünes Boot nahm Kurs um die Landspitze. Der nächste Berg fiel hinter der Bucht senkrecht ins Meer, und die ganze Szene glitzerte und funkelte bunt im Morgenlicht. Cindy fand schnell den Weg, den sie letzte Nacht heruntergefahren waren, und rannte hinauf auf die Landspitze. Sie stand ganz nah am Rande des Kliffs, direkt über den kleinen, geduckten Häuschen. Eine warme Brise von der See wehte ihr das Haar aus dem Gesicht.

Es war himmlisch! Hinter ihr breiteten sich grüne Wiesen aus. Cindy warf ihre Sandalen von sich und begann zu tanzen.

Sie fühlte sich plötzlich glücklich und wie von einer Last befreit. War es ihr je schlechtgegangen? Es würde doch noch andere Aufführungen an der Selswick-Schule geben. Und überhaupt, sie war nicht einmal elf. Es gab noch massenhaft Gelegenheit, bei irgendwelchen Aufführungen mitzumachen, und vielleicht würde sie ja wieder eine Hauptrolle bekommen.

Jetzt waren erst mal Ferien, also Schluß mit der Jammerei!

Mrs. Chester war sehr erleichtert über die Veränderung, die sie an Cindy bemerkte. Und während Mr. Chester mit Bekannten Golf spielte, nahmen sich Cindy und ihre Großmutter immer neue Ausflüge vor. Sie gingen täglich am Strand spazieren und badeten im Meer, das diesen Sommer überraschend warm war.

Nur ab und zu sehnte sich Cindy nach Jennys Gesellschaft. Aber im großen und ganzen fühlte sie sich wohl, und manchmal war es auch einfach schön, allein zu sein, ohne auf jemand Rücksicht nehmen zu müssen, auf den Felsen herumzuklettern oder einfach dazusitzen und die nackten, braunen Füße in warme Pfützen zu halten. Sie sprach nicht viel übers Tanzen. Das hatte sie ohnehin immer im Kopf. Jetzt waren Sommerferien, und Wales war, besonders wenn die Sonne schien, ein herrliches Land, um vor sich hin zu träumen.

Als die Zeit kam, das Dorf am Strand zu verlassen, war sie richtig traurig. Andererseits freute sie sich aber auch auf Jenny. Als endlich das Auto auf den Bauernhof fuhr und ihre Freundin zerzaust, braungebrannt und quirlig wie immer über den Hof rannte, fühlte sich Cindy rundum glücklich.

Ihre Großeltern wurden zu einer Tasse Tee eingeladen, blieben jedoch nicht lange, und Jenny konnte Cindy den ganzen Bauernhof und die umliegenden Felder zeigen. Schließlich warfen sie sich am Rande eines Stoppelfeldes auf den Boden und tauschten die neuesten Neuigkeiten aus. Cindy schwärmte von Wales, und Jenny berichtete über ihre Ausflüge nach Stratford, Warwick und in die Cotswold-Berge.

„Mein Opa hat mir versprochen, daß ich diesen Sommer in das Shakespearetheater in Stratford gehen darf. Aber bis jetzt war ich noch nicht da", sagte Cindy und schaute in den Himmel.

Jenny antwortete schnell: „Da wirst du dich wahrscheinlich ganz schön langweilen. Shakespeare ist doch meistens schrecklich schwierig. Finde ich jedenfalls. Vielleicht sind wir aber auch nur noch nicht alt genug dafür. Ich hab's jedenfalls nicht verstanden."

„Da kamen wohl keine Tiere drin vor, was?" neckte Cindy sie. Jenny mußte lachen und knuffte sie in die Seite.

Auch Cindy gefiel das Leben auf dem Bauernhof, aber sie wußte, daß sie nie so darin aufgehen würde wie Jenny. Für Jenny war der Bauernhof das, was für Cindy das Tanzen war. An der Stange hatte sie oft keine Lust gehabt, aber sie war nie zu müde, die Kühe in den Stall zu bringen, Eier einzusammeln oder den Hühnern Futter und Wasser zu geben.

Die beiden Mädchen hatten ständig etwas anderes vor, Langeweile kam in der nächsten Zeit jedenfalls nicht auf. Aber ab und zu legten sie auch eine Pause ein, manchmal oben auf den Heuballen, öfter jedoch auf den Feldern, die inzwischen größtenteils schon abgeerntet waren.

Eines Tages sprang Cindy unvermittelt auf, und fing an zu tanzen. Sie summte leise eine Melodie vor sich hin, Jenny lag daneben und beobachtete sie.

„Mensch, Cindy!“ rief sie nach einer Weile. „Wie du dich verbessert hast! Ich glaube echt, du bist die geborene Tänzerin.“

Cindy blieb wie angewurzelt stehen. Sie wurde rot vor Freude und fragte dann unsicher: „Ach Jenny, glaubst du das wirklich? Es hört sich so schön an.“ Sie strich sich das Haar aus dem Gesicht.

Jenny saß zwischen den letzten Mohnblumen und sah sie ganz ernst an. „Ich glaube ganz fest, du wirst irgendwann berühmt. Eines Tages werde ich stolz darauf sein, sagen zu können: ‚Lucinda Adamo, die große Ballerina? Ja, die kenne ich gut. Wir sind zusammen zur Schule gegangen.‘“

„Sei nicht albern!“ wehrte Cindy ab. „Ich muß mindestens noch fünf Jahre daran arbeiten. Und erst dann, wenn ich überhaupt Glück habe, werde ich zum ‚corps de ballet‘ gehören.“ Sie setzte sich wieder ins Gras.

„Am Anfang wird es schwer“, meinte Jenny ungerührt. „Aber du wirst es weiter bringen. Jenny, die Hellseherin, sagt es dir.“ Sie runzelte die Stirn und machte beschwörende Handbewegungen.

Cindy lachte, aber einen Moment lang träumte sie tatsächlich vom Erfolg. Ihr Name erschien ihr in großen Leuchtbuchstaben, und sie malte sich aus, wie es sein würde, wenn ihr Name in den Ballettbüchern neben den großen Tänzerinnen Markova, Dolin, Fonteyn und Ivory zu finden wäre. Sie hatte viel über die großen Ballerinen und ihre Leistungen für die Kunst gelesen. Würden die Leute eines Tages sagen, daß „die Adamo", wie vor ihr die Ivory, das Tanzen zur Perfektion gebracht hätte?

Cindy tauchte aus ihren Wunschträumen auf und mußte wieder lachen, als sie sich daran erinnerte, wie wenig sie konnte und wie hart sie noch arbeiten müßte, um weiterzukommen. Und dann gingen die beiden Mädchen nach Hause, tranken Tee und aßen Kuchen in der Küche und halfen, die Ferkel zu füttern.

Schon bald schienen die Ferien unglaublich weit zurückzuliegen, auch wenn Cindy noch manchmal an das schöne Porth-din-Lleyn dachte, die kleinen Buchten, die glatte, leuchtende See und die weit entfernten Berge.

Sie wurde in die Klasse 2A versetzt, in die auch Jenny ging. Es war ein schönes Gefühl, nach der langen Pause wieder neben ihrer Freundin zu sitzen.

In der Selswick-Schule stellte Madame immer größere Anforderungen an sie – aber so wollte sie es auch. Sie machte beträchtliche Fortschritte und tanzte besser als die meisten Gleichaltrigen. Trotzdem geizte Madame nicht mit Kritik; ja, manchmal war sie strenger zu Cindy als zu den anderen. Selten hörte sie von ihr ein Lob, wenn aber doch, war sie überglücklich.

Es war ein scheußlicher Herbst: bitterkalt und jeden Tag Regen. Doch Cindy war das ziemlich egal. Sie kam immer mit glühenden Wangen nach dem Ballettunterricht nach Hause, war selten erschöpft, jedoch nie, wenn es ums Tanzen ging.

Als Miß Selswick Mitte Oktober anfing, Pläne für die Weihnachtsfeier zu machen, erkrankte eine Schülerin nach der anderen an Grippe. Einige Schulen der Stadt wurden schließlich sogar ganz geschlossen. Auch an der Elleray-Schule ging die Grippe um, aber die Schule blieb glücklicherweise geöffnet. Ohne Schule hätte Cindy etwas gefehlt, denn je älter sie wurde, desto langweiliger und einsamer kam ihr das Haus in der Beechstraße vor. Ihre Großmutter war ständig mit ihren verschiedenen Clubs und Gesellschaftsabenden beschäftigt, und ihr Großvater fuhr immer häufiger auf Geschäftsreisen nach London. Sie wünschte sich – nicht zum ersten Mal –, wie Jenny ein paar Brüder zu haben. Sie war schon lange gut mit den Pilgrim-Jungen befreundet. Die vier akzeptierten sie ihrerseits als „kein übles Mädchen". Aber sie hätte gerne eine Schwester gehabt, mit der man immer reden konnte, ob beim Zubettgehen oder morgens.

Die Grippewelle breitete sich derartig aus, daß Madame es schließlich für zwecklos hielt, die Weihnachtsvorstellung überhaupt zu organisieren. Cindy war natürlich maßlos enttäuscht. Aber Hauptsache, der Unterricht fand weiterhin statt, auch wenn nur knapp zehn Kinder erschienen.

Weihnachten kam immer näher und ging rasch

vorbei. Dann schneite es tagelang. Die Warwickshire-Landschaft war mehrere Wochen ganz weiß nach den schwersten Schneefällen seit Jahren. Trotzdem absolvierte Cindy weiter ihr Training, ohne sich vom Wetter stören zu lassen. Dick eingepackt in Schal, Mütze, Handschuhe und Mantel, stapfte sie durch die Schneemassen zur Selswick-Schule. Im März wurde es dann endlich langsam wärmer, und plötzlich lag der Frühling in der Luft. In den Gärten schossen die Narzissen hoch, und auch der Wind blies milder.

„Frühling!" dachte Cindy, sog die Luft durch die Nase ein und tanzte ein paar Schritte auf dem Bürgersteig.

„Frühling!" dachte auch Jenny und hatte den Bauernhof vor Augen: die jungen Lämmer, die ausgelassen über die Felder sprangen, und die ersten grünen Halme des Winterweizens, die schnell wuchsen und kräftiger wurden. Jenny erlebte den Wechsel der Jahreszeiten viel stärker als Cindy, die den Jahresablauf eigentlich nur nach dem beurteilte, was an der Selswick-Schule geschah.

Im April kam wieder ein Ballettensemble nach Willerbury, und diesmal gingen Jenny und Cindy allein zur Samstagnachmittagsvorstellung. Sie sahen „La Boutique Fantastique", „Façade" und einen Akt aus „Schwanensee". Wieder war Cindy sofort in dieser anderen Welt gefangen, die für sie so wichtig war. Jenny langweilte sich ziemlich, sie war nur mitgekommen, um ihrer Freundin einen Gefallen zu tun.

Als das Datum für das alljährliche Sommerfest feststand, teilte Madame ihren Schülern mit, daß noch einmal „Schneewittchen“ aufgeführt werden sollte. Sofort gingen die Vermutungen los, wer wohl die Hauptrolle übernehmen sollte. Das Mädchen, das ursprünglich die Königin getanzt hatte, war nun im „corps de ballet“ einer bekannten Kompanie, und Shirley Merrins Familie war nach London gezogen. Sie hatte vor kurzem dort ein Stipendium für die Königliche Ballettschule gewonnen.

Daphne war davon überzeugt, daß sie für die Rolle des Schneewittchens ausgewählt würde.

„Wird sie aber nicht“, behauptete Joy Kelly fröhlich, als sie nach einer Unterrichtsstunde am Bus standen. „Sie ist zu groß für ihr Alter, und sie hat sich auch nicht so verbessert, wie sie eigentlich könnte.“

„Wie furchtbar, groß zu werden“, meinte Cindy. Es war nämlich der Schrecken vieler älterer Mädchen, daß sie die passende Größe für eine Ballettänzerin überschritten.

„Mach du dir da mal keine Sorgen“, lachte Joy. „Du bist schön klein geblieben, dafür daß du fast zwölf bist. Damit wirst du dich nicht rumschlagen müssen.“

Als eines Tages die Rollen verteilt wurden, hörte Cindy völlig überrascht, daß sie das Schneewittchen sein sollte. Das war eine große Rolle, viel größer als die des „Feenkindes“! Aber sie hatte immer noch nicht vergessen, daß sie damals die Schule im Stich gelassen hatte. Als sie Madame zaghaft daran erinnerte, lachte die nur.

„Aber liebe Cindy, du kannst es ohne weiteres schaffen, wenn du weiter so arbeitest. Und ich kann nicht glauben, daß das Schicksal es noch einmal so schlecht mit dir meint und dich diesmal mit Windpocken oder Masern niederstreckt."

„Aber es gibt doch noch andere ...", begann Cindy noch einmal.

„Papperlapapp! Du bist gesund, und es gibt keinen Grund, warum du zweimal Pech haben solltest. Ich möchte, daß du Schneewittchen tanzt, und damit basta! Daphne wird deine Ersatztänzerin sein."

Natürlich war Daphne tief beleidigt über diese Entscheidung und schmollte, aber nicht in Gegenwart von Madame. Das wagte sie nicht.

„Das geschieht dir recht!" sagte die offenherzige Joy später im Umkleideraum. „Du bist zu eingebildet, und du warst immer eklig zu Cindy. Wir alle freuen uns für dich, Cindy. Du hast die Rolle echt verdient!"

Cindy war so begeistert und mit dem Ballett beschäftigt, daß in der Folgezeit ihre Arbeit für die Schule darunter litt. Einmal wurde sie sogar zur Direktorin gebeten und streng ermahnt.

Danach büffelte sie ganz schön, um ein bißchen aufzuholen. Aber das Wichtigste war und blieb ihre Rolle in „Schneewittchen".

Im Laufe des Juni und Juli war sie nachmittags nach der Schule und auch sonnabends immer häufiger in der Selswick-Schule, so daß es Mrs. Chester zu viel wurde.

„Cindy, heute wirst du mit mir nach der Schule

Sommerkleider und Sandalen einkaufen gehen", bestimmte sie eines Tages. „Ich habe es dir jetzt schon dutzendmal gesagt, aber du hast dich ja nicht darum gekümmert. Ständig bist du unterwegs. So kann es mit dir nicht weitergehen!"

„Nur bis ‚Schneewittchen' vorbei ist, Oma!" rechtfertigte sich Cindy. „Ich muß täglich üben, aber es klappt ja auch immer besser."

„Ich weiß wirklich nicht, warum Miß Selswick dir diese große Rolle gegeben hat", schimpfte ihre Oma nun laut. „Sie weiß sehr gut, daß du das Ganze nicht ernsthaft betreibst, und sie hätte die Rolle lieber einem Kind geben sollen, das im Ballett Karriere machen möchte."

Cindy schluckte und versuchte zu widersprechen. Aber dann schwieg sie doch. Was nützte es, sich mit ihrer Oma zu streiten? Also ging sie brav mit in die Stadt und bekam drei neue Kleider und ein Paar Sandalen.

Während der letzten Wochen des Schuljahres war sie dann so beschäftigt, daß sie die merkwürdigen Veränderungen bei sich zu Hause gar nicht mitbekam. Es kam plötzlich viel mehr Post, verschiedene Besucher betraten das Haus, und ihr Großvater sah oft bedrückt aus. Manchmal schaute er sie mehr als besorgt an, aber sie sah es nicht. Auch die Sommerferien wurden gar nicht erwähnt, obwohl Mr. Chester sie oft sehr früh geplant hatte.

Aber Cindy schwebte über den Wolken und bemerkte von alldem nichts. Etwa eine Woche vor der Aufführung kam sie eines Abends mit einer Handvoll Eintrittskarten nach Hause gerannt.

„Oma! Opa! Ihr beide kommt doch, oder?“ rief sie freudestrahlend. „Ich habe euch Plätze in der zweiten Reihe reserviert. Ihr habt mich doch noch nie tanzen sehen. Die Rolle der Dienerin damals zählt nicht. Da hatte ich gerade erst angefangen.“

„Ja, wir werden kommen“, sagte ihr Großvater, bevor seine Frau antworten konnte. „Ist doch selbstverständlich, Cindy.“

Trotz Cindys Befürchtungen geschah diesmal nichts, was sie vom Tanzen abhielt. So kam schließlich der Abend des Sommerfestes heran, und sie stand in einem überfüllten Umkleideraum, wo sie ihr kurzes, weißes Kleid und ihre Spitzenschuhe anzog und von einer Assistentin geschminkt wurde Natürlich war sie schrecklich nervös, aber das Lampenfieber gehörte ja auch dazu. Dann war sie fertig und wartete auf das Klingelzeichen. Die Ballettmusik begann, und der Vorhang hob sich. Auf einmal dachte Cindy an nichts anderes mehr, als „Schneewittchen“ zu sein. Sie sah nicht einmal das dichtgedrängte Publikum. Sie konzentrierte sich ganz auf ihre Bewegungen und tanzte aus vollem Herzen. Fast von Anfang an hatte sie die Zuschauer auf ihrer Seite, aber das merkte sie erst, als der Vorhang fiel und der Applaus losbrach. Einige Leute riefen sogar ihren Namen, und eine Stimme hörte sich wie die Jennys an. „Lucinda Adamo“ stand in dem Programmheft, und es war ein tolles Gefühl, ihren Namen zum ersten Mal gedruckt zu sehen.

Alle Tänzer wurden mehrere Male vom Publikum auf die Bühne gerufen, und Cindy und die Darstellerin der Königin traten alleine vor. Dann wurde Cindy ganz allein auf die Bühne geschubst. Sie stand verlegen vorne an der Rampe, machte einen Knicks und wurde rot. Sie war so überglücklich, daß ihr alles wie ein Traum vorkam.

Als ihr Großvater sie schließlich nach Hause fuhr, war sie immer noch wie benebelt. Sie bemerkte weder das Schweigen ihrer Großeltern noch die Spannung, die in der Luft lag.

Zu Hause angekommen, trank sie Tee und aß einige Kekse. Mit roten Backen fragte sie: „Oma, Opa! Hat es euch gefallen? Ich weiß, daß es nichts Besonderes war, aber eines Tages werde ich vielleicht in einem richtigen Theater tanzen. Doch es wird bestimmt noch Jahre dauern. Aber ich werde bei Madame weitertrainieren, bis . . .“

„Nein, Cindy, ich fürchte, das wirst du nicht“, unterbrach die Großmutter ihre Träumerei mit einer Stimme, die leicht bebte.

Bei diesem Tonfall bekam Cindy es mit der Angst zu tun.

„Was meinst du damit, Oma?“ fragte sie zutiefst erschrocken. „Ich werde zu niemandem außer zu Madame gehen. Sie weiß das. Sie mag es auch nicht, wenn wir die Schule wechseln. Wieso werde ich nicht in der Selswick-Schule bleiben?“ Sie war plötzlich ganz bleich geworden.

„Hat das nicht bis morgen Zeit?“ fragte Mr. Chester seine Frau. „Cindy ist noch viel zu aufgedreht.“

Mrs. Chester schüttelte den Kopf. „Ich wollte es ihr erst morgen sagen, aber da sie jetzt damit angefangen hat, soll sie es lieber gleich wissen. Cindy, vielleicht hätten wir es dir eher erzählen sollen, aber wir wollten warten, bis alles geregelt ist. Wir verlassen Willerbury und gehen wieder nach London. Das Haus hier haben wir schon verkauft. Wir ziehen in eine große Wohnung in Westminster, nahe an der Themse." Besorgt blickte Mrs. Chester ihre Enkelin an. Cindy wurde noch bleicher und mußte sich auf das Sofa setzen.

„Ich – ich glaube es nicht!" brach es aus ihr heraus. „Das könnt ihr doch nicht machen! Das kann nicht wahr sein!"

Abschied von der Selswick-Schule

„Das kann nicht wahr sein!" wiederholte Cindy, als sie sich etwas erholt hatte. Sie fühlte sich elend, und ihre Hände waren ganz kalt geworden.

„Ich fürchte, es ist wahr", erwiderte ihr Großvater sanft. „Du mußt tapfer sein und das Beste daraus machen. Denk mal an den Spaß, den das Leben in London macht, und ..."

„Tapfer! Sie muß doch nicht tapfer sein", unterbrach ihn Mrs. Chester energisch, doch ihre Augen blickten besorgt. „Zuerst wird sie natürlich ihre

Freundinnen vermissen. Aber Jenny kann in den Ferien kommen und bei uns wohnen, wann immer sie möchte. Außerdem wirst du bald neue Freundinnen kennenlernen. Wir werden dafür sorgen, daß du an eine sehr gute Schule kommst, Cindy. Es wird dir gefallen, in London zu leben und deinen eigenen Weg zu finden."

„Aber ...", Cindy war immer noch wie betäubt. „Ich kann nicht nach London ziehen! Ich muß bei Madame bleiben. Meine – meine ganze Karriere hängt davon ab."

„Nun hör mal zu, Cindy", sagte ihre Großmutter in freundlichem, aber bestimmtem Ton. „Als du angefangen hast zu tanzen, wußtest du genau, daß es nur zum Vergnügen war. Das habe ich Madame damals selbst gesagt. Es war nie die Rede davon, es zu deinem Beruf zu machen. Gerade in letzter Zeit warst du viel zu sehr damit beschäftigt. Und deine Leistungen in der Schule haben offenkundig darunter gelitten: Dein letztes Zeugnis war nicht annähernd so gut wie sonst. Wir haben dir deinen Wunsch erfüllt, und du hast tanzen gelernt. Aber jetzt ist damit Schluß. Wir wollen nicht herzlos sein, aber es ist besser so."

„Aber ich muß Tänzerin werden", beharrte Cindy und warf den Kopf in den Nacken. „Ich kann es schaffen, wenn ich will. Findet ihr etwa nicht, daß ich gut getanzt habe heute abend? Hat es euch denn überhaupt nicht gefallen?"

Sie verstand weder den Gesichtsausdruck noch den eigenartigen Tonfall ihrer Großmutter.

„Doch, du hast wirklich sehr schön getanzt“, erwiderte die. „Aber wir möchten nicht, daß dir diese kleine Aufführung gleich zu Kopf steigt. Du hast sehr gut getanzt, aber es gibt doch noch anderes auf der Welt.“ Dann wurde ihre Stimme plötzlich viel wärmer: „Ach Cindy, wir wollten nie, daß du das Leben einer Ballettänzerin führst. Dazu haben wir dich viel zu lieb. Es ist eine furchtbare Schinderei, und man hat keine Zeit für ein normales Leben.“

„Mich interessiert aber nur das Ballett“, erwiderte Cindy eigensinnig. „Wenn wir schon nach London ziehen müssen, vielleicht könnte ich bei der Königlichen Ballettschule oder der Dominick-Schule zur Probe vortanzen. Ich bin sicher, daß mich Madame empfehlen würde!“

„Nein, Cindy, wir haben nicht vor, Madame um solch eine Empfehlung zu bitten“, hielt ihre Großmutter fest. „Du hast genug für die Schule zu tun. Und es wird dir sicher Spaß machen, London zu entdecken.“

„Aber warum? Weshalb ziehen wir hier weg? Das verstehe ich nicht!“ Cindy sprang vom Sofa auf.

„Dein Großvater hat eine ausgezeichnete Stellung in einem Londoner Büro angeboten bekommen. Außerdem dachten wir, daß uns allen die Veränderung guttun würde. Wir stammen ja ursprünglich aus London, und zufällig hörten wir von einer idealen Wohnung. Sie hat ein hübsches kleines Zimmer, das gut zu dir paßt. Von dort kann man sogar auf das Parlamentsgebäude schauen. Dir wird es dort gefallen!“ Mrs. Chester legte den Arm um Cindys Schultern.

Doch sie schüttelte ihn ab. „Ich will nicht wegziehen! Ich werde bei Jenny wohnen! Es ist grausam und falsch von euch", schrie sie. „Ich werde auch Madame nicht verlassen! Und sie wird mich auch gar nicht gehen lassen."

„Ich schicke Madame morgen früh einen Brief und erkläre ihr alles. Sie wird Verständnis dafür haben."

„Ich will nicht weg", schrie Cindy jetzt außer sich. „Und wenn ich muß, dann muß ich wenigstens bei den Ballettschulen vortanzen. Sonst sterbe ich!" Und sie rannte die Treppe hinauf in ihr Zimmer, verriegelte die Tür und warf sich, von wildem Schluchzen geschüttelt, auf ihr Bett.

Zehn Minuten später klopfte ihr Großvater leise an die Tür. Nach kurzer Zeit ließ Cindy ihn herein.

Er setzte sich auf die Bettkante und sagte mit ernster Miene: „Es ist hart für dich, Cindy, aber das Leben ist voll von schwierigen Situationen. Wir müssen in drei oder vier Wochen nach London ziehen."

„Das könnte ich ja noch ertragen", schluchzte das Mädchen. „Aber nicht, mit dem Tanzen aufzuhören. Ach, Opa ..."

„Hör mir bitte gut zu, mein Liebes", sagte ihr Großvater. „Ich weiß, daß du uns jetzt für gemein und verständnislos hältst. Aber wenn du genau darüber nachdenkst, wirst du sehen, warum deine Großmutter recht hat. Sie hat dich sehr lieb – schließlich kennt sie dich, seit du achtzehn Monate alt warst, und hat dich großgezogen. Sie möchte, daß du den richtigen Lebensweg einschlägst. Es ist nicht gut, die Schule zu vernachlässigen und für ein normales Leben keine Zeit mehr zu haben. Keiner von uns beiden möchte, daß du dir um deine Karriere Sorgen machst, wo du noch nicht einmal zwölf bist. Wir wollen, daß du ein glückliches, angenehmes Leben führst, und in London hast du viel mehr Möglichkeiten dazu. Versuch einfach mal, das Beste daraus zu machen, denn deine Großmutter hat sich entschieden, und sie wird ihre Meinung nicht mehr ändern."

Cindy schaute in sein freundliches, sorgenvolles Gesicht. „Willst du denn auch, daß ich mit dem Tanzen aufhöre?" fragte sie.

„Na ja, nicht so plötzlich, wie es deine Oma wünscht, aber ... ich möchte es auch, Cindy. Ich möchte nicht, daß sich dein ganzes Leben nur darum dreht, Tänzerin zu werden. Ich hätte es lieber, wenn du in der Schule gut bist."

„Ich kann doch beides machen! Ich bin doch intelligent!" schniefte Cindy.

„Aber du hast die Schule wirklich im letzten Jahr völlig vernachlässigt und kaum an etwas anderes als an das Ballett gedacht. Ehrlich. Auf lange Sicht wird es so besser sein. Eines Tages wirst du merken, daß wir recht haben." Er streichelte ihr übers Haar.

„Das werde ich wohl nie merken", sagte Cindy traurig. „Wenn ich muß, werde ich's versuchen, aber ich werde es nicht gerne tun."

„Geh nun ins Bett. Es ist schon sehr spät, und du bist jetzt durcheinander. Morgen früh sieht schon alles ganz anders aus. Es tut mir leid, daß dein glücklicher Abend so verdorben wurde."

Er gab ihr einen Gutenachtkuß und ging hinaus. Als ihre Großmutter hereinkam, lag sie im Bett und tat so, als schliefe sie schon.

Am nächsten Morgen fühlte sie sich überhaupt nicht besser. Sie hatte Kopfschmerzen, und ein großer Stein schien auf ihrem Herzen zu liegen. Sobald sie konnte, flüchtete sie aus dem Haus. Immer wieder suchte sie nach einem Ausweg. Plötzlich hatte sie eine Idee. Wenn sie Madame besuchen und ihr die Lage erklären könnte, würde sie ihr bestimmt helfen. Sie kannte jedoch ihre Privatadresse nicht. Aber vielleicht war sie ja in der Selswick-Schule.

Sie schnappte sich ihr Portemonnaie und rannte zur Bushaltestelle. Als sie aber die Selswick-Schule erreichte, erzählte ihr der alte Portier, daß Madame gerade im Flugzeug nach Paris sitze und nicht vor einem Monat zurückkomme.

Das war ihr letzter Strohhalm gewesen. Cindy konnte sich kaum beherrschen, nicht in Tränen auszubrechen. Der alte Hobbs war ein verständnisvoller Mensch, der selbst Kinder gehabt hatte. Er sah, daß das Mädchen verzweifelt war, und sagte deshalb nichts, als Cindy einfach die Treppe hoch ging. Außer den Putzfrauen war kein Mensch im Haus, denn die Kurse waren zu Ende, und alle – Tanzlehrer und Schüler – waren verreist.

Traurig wanderte Cindy von einem Studio zum anderen und machte ein paar Übungen an der Stange.

Es konnte doch einfach nicht wahr sein, daß sie nie wieder hierher kommen würde! Nie mehr Madames Stimme hören, nie mehr Joy oder Cherry sehen, nicht einmal Daphne. In dieser Stunde hätte Cindy sich sogar gefreut, die eingebildete Daphne zu treffen.

Fast zwei Jahre lang war die Selswick-Schule der wichtigste Ort in ihrem Leben gewesen. Und nun war diese Zeit vorbei.

Sie stand an einem der großen, hohen Fenster und schaute auf die schmutzige Straße hinunter. Sie würde wegziehen, und es sah im Moment gar nicht so aus, als könne sie jemals Tänzerin werden. Aber sie mußte es schaffen. Was hatte Jenny gesagt: „Du bist die geborene Tänzerin!“ Wenn das stimmte, dann durfte sie jetzt nicht aufgeben. Sie würde wieder in eine Ballettschule gehen – auch in London. Vielleicht nicht sofort, aber bald.

„Warum eigentlich?“ fragte sie sich plötzlich. Warum sollte sie zum Tanzen geboren sein? Warum mußte sie einfach tanzen?

Den ganzen Weg zurück zur Beechstraße dachte sie darüber nach. Zu Hause fand sie ihre Großmutter beim Sortieren irgendwelcher Sachen im Schlafzimmer. Cindy trat ein und fragte sie: „Oma, hatte meine Mutter einen Beruf?“

Mrs. Chester war verblüfft. „Ja, selbstverständlich hatte sie einen. Jeder hat doch heute einen Beruf.“ Sie legte ein paar Pullover zusammen.

„Aber was für einen Beruf hatte sie denn?“ hakte Cindy nach.

„Oh, keinen, der – es ist ein Beruf, den du nicht verstehst“, sagte ihre Großmutter schnell. „Ich werde dir eines Tages alles darüber erzählen, aber nicht jetzt, bitte. Ich bin sehr beschäftigt. Warum gehst du nicht zu Jenny? Du kannst ihr sagen, daß sie uns gerne in London besuchen kann. Vielleicht schon im September, wenn wir uns in unserer neuen Wohnung eingelebt haben. Und du fährst in ein paar Tagen mit ihr auf den Bauernhof, vergiß das nicht. Du mußt noch packen." Und sie wandte sich wieder dem Kleiderstapel zu.

Auf einmal brauchte Cindy Jenny ganz dringend. Ihr klarer Verstand und ihre trockenen Bemerkungen würden ihr bestimmt helfen. Also schwang sie sich kurz entschlossen auf ihr Fahrrad.

Jenny war völlig überrascht, eine zu Tode betrübte Cindy zu sehen.

„Ich dachte, du wärst im siebten Himmel!" meinte sie verdutzt. „Gestern abend warst du fast eine richtige Ballerina. Obwohl Madame natürlich was anderes sagen würde, wenn sie mich hören könnte."

„Wir ziehen weg, und ich darf nicht mehr tanzen!" schluchzte Cindy hemmungslos und fiel ihrer Freundin um den Hals. Dann erzählte sie die ganze Geschichte, und Jenny hörte empört und schockiert zu.

„Alles ist so schrecklich! Ich werde dich so vermissen, und – oh, Jenny, ich war so sicher, eine Tänzerin zu werden."

„Es ist eine furchtbare Gemeinheit", sagte Jenny wütend. „Ich werde dich auch vermissen, aber das ist ja nicht das Schlimmste. Daß du nicht mehr tanzen darfst, das kann ich beim besten Willen nicht verstehen. Sonst scheinen deine Großeltern ja ganz nett zu sein, aber in der Beziehung haben sie eine Meise!"

„Sie sagen, daß es so besser für mich sei und daß der Beruf einer Ballettänzerin keine Zeit für ein normales Leben lasse“, berichtete Cindy weiter. „Aber ich bin sicher, daß ich gar kein normales Leben führen möchte!“

„Aber es ist doch komisch, daß sich deine Großeltern solche Sorgen darum machen“, überlegte Jenny. „Ich frage mich langsam, ob das nicht einen besonderen Grund hat. Vielleicht steckt noch mehr dahinter als nur der Wunsch, daß du dich nicht überarbeiten sollst.“

Cindy packte sie aufgeregt am Arm: „Jenny, daran habe ich auch schon gedacht. Ich weiß nicht, warum ich nicht schon viel eher darauf gekommen bin. Glaubst du vielleicht, daß meine Mutter eine Tänzerin war?“

Jenny sah nicht so überrascht aus, wie man hätte erwarten können. „Meine Mutter hat das auch schon vermutet“, erklärte sie. „Aber ich habe ihr gesagt, daß du nichts über deine Mutter weißt und auch nur wenige Fotos von ihr hast. Warum fragst du deine Großeltern nicht einfach mal?“

„Irgendwie kann ich das nicht“, gab Cindy zu. „Ich habe gerade eben schon gefragt, ob meine Mutter auch einen Beruf hatte. Und Oma sagte, selbstverständlich, doch sie könnte es jetzt nicht erklären. Sie klang sehr energisch, aber sie sah ganz merkwürdig dabei aus.“

„Das könnte es sein“, rief Jenny aufgeregt. „Es würde vieles erklären, nicht wahr? Vielleicht wollte deine Mutter auch unbedingt Tänzerin werden und landete dann in irgendeinem schrecklichen, drittklassigen Ensemble. Vielleicht hatte ihr Tod sogar etwas damit zu tun."

„Das glaube ich nicht. Sie starb bei einem Unfall. Oma hat mir das mal erzählt." Cindy schüttelte den Kopf.

„Was für ein Unfall?"

„Keine Ahnung", zuckte Cindy mit den Schultern.

„Mit der Zeit findest du das bestimmt raus", meinte Cindy. „Es ist doch doof, daß du überhaupt nichts über deine Mutter weißt." Sie legte Cindy den Arm um die Schultern und sprach ihr Mut zu: „Kopf hoch, laß dich nicht unterkriegen. Überleg doch mal, ganz am Anfang wollten sie dich überhaupt nicht tanzen lassen, und du hast es trotzdem geschafft. Du wirst es auch in London schaffen!"

Cindys Laune besserte sich daraufhin, aber sobald sie Jenny verlassen hatte und unter den Bäumen in der Beechstraße entlangging, war sie wieder niedergeschlagen.

Alles war vorbei. Irgendwie kam es ihr fast wie Sterben vor. Doch dann gab sie sich einen Ruck und fiel in die alte Gewohnheit zurück, Selbstgespräche zu führen.

„Sei kein Idiot, Lucinda Adamo!" sagte sie laut. „Natürlich wirst du tanzen. Und vergiß nicht: Du wirst in London die beste Möglichkeit haben, dir viele Ballettaufführungen anzusehen."

Sie warf den Kopf hoch und ging weiter – mit neuem Mut.